总裁战略智慧

孙军正◎著

中国财政经济出版社

图书在版编目（CIP）数据

总裁战略智慧 / 孙军正著. — 北京：中国财政经济出版社，2013.9
（企业成长力书架）
ISBN 978-7-5095-4825-7

Ⅰ. ①总… Ⅱ. ①孙… Ⅲ. ①企业管理 Ⅳ. ①F270

中国版本图书馆CIP数据核字（2013）第223208号

责任编辑：郭爱春　　责任印制：刘春年

中国财政经济出版社 出版

URL：http：//www.cfeph.cn

E-mail：cfeph@cfeph.cn

社址：北京市海淀区阜成路甲28号　邮政编码：100142

营销中心电话：010-88190406　北京财经书店电话：010-64033436

北京顶佳世纪印刷有限公司印刷　各地新华书店经销

787×1092毫米　16开　13.25印张　142 000字

2013年10月第1版　2013年10月北京第1次印刷

定价：35.00元

ISBN 978-7-5095-4825-7 / F · 3907

（图书出现印装问题，本社负责调换）

本社质量投诉电话：010-88190744

反盗版举报热线：88190492　88190446

QIYE CHENGZHANGLI SHUJIA

企业成长力书架

编委会

主办单位　北京联大文化发展有限公司　　www.ldwhbook.cn

目 录

序 言

第一部分 总裁战略决定企业命运

第一章 伪奇迹的战略阴谋

第二章 战略是总裁管理企业的必备能力

第二部分　新时代总裁应有的 4 大战略智慧

第三章　战略智慧 1：凭什么凝聚人心？

第四章　战略智慧 2：如何才能推进业务发展？

第五章　战略智慧 3：靠什么超越他人，比对手更强大？

第六章　战略智慧 4：怎样让他人不可复制、无法模仿？

第三部分　战略落地推进企业持续发展

第七章　经营战略：企业发展靠总裁经营智慧

第八章　营销战略：企业更受欢迎的秘密

第九章　人才战略：留住人才，赢得天下

第十章　品牌战略：品牌运作不可有勇无谋

序　言

企业不死的秘密——战略制胜

在这个充满不确定的时代里，唯一能够确定的是变化本身。那么，在这变化莫测的时代，企业不死的秘密是什么？

全球经济日益开放，在一体化趋势不可阻挡的今天，企业所面对的变化之剧烈和深入，几乎是前所未见的。许多变化，如互联网、信息和通信技术等，不仅影响广泛，而且有着长远的持续性，这对每个企业在不同程度上都带来根本利益的触动。

因此，在这样的背景下，企业的未来之路如何打造，更需要企业总裁的智慧。虽然不确定性占据了时代的主流，但需要看到的是，世界的一切事物，其发展变化都受到了规律的制约，而企业家需要做的是找到这种发展变化的规律。通过精心设计自己的战略路线，认真贯彻战略步骤，才能充分把握企业的未来生存之道。

在这个过程中，战略的重要性凸显无疑。

战略一词，最早来源于战争。其意义即为“将领指挥军队作战的艺术”。中国是全世界研究战略的发源地，早在2000多年前，《孙子兵法》就已经从整体上揭示了战略的重要性。第二次世界大战后，熟悉战争军事的人们开始进入企业领域，很自然地将战略思想和管理方法移植到这一领域。

将战略思想应用于企业管理，形成了企业战略，而总裁的战略观点，将会影响到企业的发展目标、途径和手段。战略和规划、计划并不相同，战略是长期的，规划是中期的，而计划只是短期的。同时，战略充满原则性、概念性，而规划更多是粗线条的轮廓，计划则是细线条的具体方法和步骤。

正因为战略如此不同，总裁才更应该把握战略的特性，对之进行充分的研究和运用。这是因为总裁的任务是带领企业谋求生存和发展，必须做到充分研究和适应市场，因此，制定和发展战略也就成为必然。同时，总裁是一个企业的管理灵魂，制定整个企业的发展战略，这是他们应该肩负的责任和应该行使的权力。一个缺乏战略眼光的总裁，必然会陷入“头疼医头，脚疼医脚”的怪圈中，成为企业中一个无足轻重的角色，甚至将整个企业带入混乱、倒退、乃至灭亡的噩梦中。

总之，企业若想不死（至少不过早消亡、被淘汰），就必须有适合自己的战略。

基于以上原因，本书作者根据多年研究企业总裁战略的成果，结合丰富的企业培训课程工作经历，加上对国内外大量企业的产品、品牌、营销、管理等诸多方面的观察，总结出对中国企业总裁最为合适并且实用的战略方法。

在这套方法中，不是讲单纯的理论，而是结合现实问题，阐述战略的重要意义，战略规划的具体方法，解决战略的相关问题，陈述分析战略设计中的诸多因素，为不同行业、不同地域、不同层次的企业总裁提供了一套值得研究、参考的企业战略理念和经验。

本书语言通俗易懂，深入浅出，并结合实际案例，能够在最短时间内，让企业总裁了解什么是战略、怎样制定战略、如何运用战略等等，提供了最简便快捷的途径。

当然，时代是变化的。市场和企业本身都处在不断变化中，战略所包含的意义、所蕴含的理念也处于不断变化中。从这个意义上来说，本书的作者将会继续不断探索企业战略的深层次思想，继续加以勤勉的解读和研究。

第一部分

总裁战略决定企业命运

第一章 伪奇迹的战略阴谋

企业家不少，奇迹却很少

对于一个企业而言，总裁不仅是领导者，更是一个企业的灵魂人物。甚至可以说，总裁是一个企业能否生存下去的关键性人物，在这样的前提下，总裁的处事风格和企业的发展息息相关。此时的首要问题是总裁在领导企业时应该注重战略还是细节？

举个例子，一个广告公司的总裁，作为一个领导者，他可谓是总裁当中的“劳模”。为了更好地管理公司，他要求下属每日将所有项目的进度向他报告并由他亲自批示意见和解决问题。除此之外，他还常常向甲方了解项目情况。因为工作量大，这位总裁几乎每天都要工作到深夜。但令人惊讶的是，这个公司在三年之后迅速倒闭了。而这位总裁也是满腹委屈，说起他的创业经历时也大有“非亡国之君，当亡国之运”的哀叹。其实，这个公司在创立之初就已经确定了倒闭的结局。为什么这么说呢？因为这位总裁管的“太宽了”。

对于总裁而言，首先要学会的不是怎么做事，而是要学会怎样做人。

一个好的总裁，要分清什么事情需要严格把关，什么事情可以装装糊涂。尤其是细节部分，切忌把所有的事情都揽在自己身上。一些不成功的老板经常说属下笨拙，事事需要他的指点，实际上，当一个总裁对于百分之三十以上的员工都有这样的看法时，问题是出在他自己的身上了。这样的总裁有一个通病，那就是不信任员工的能力，事无巨细都要过问，长此以往，好的员工会逐渐因为没有发挥空间而离开，总裁自己也面临身心疲惫的局面。这样一来，总裁就变成了实际意义上的打工者，而打工者会成为公司的冗员。

那么总裁应该做些什么呢？

一、总裁应该学会寻找战略性工作

总裁的存在是为了规划企业未来的发展方向，也就是我们所说的战略。那么，为什么总裁需要思考战略，不能走一步看一步吗？

一个企业要做大做强，需要保证大多数时候都在做正确的事情。总裁作为掌握公司所有财力和物力的领导者，其所思所想所为都关系着企业的生存与发展，尤其是未来的投资、转型等决策，直接决定了企业的发展方向。因此，总裁必须目光远大，才能保证企业在前进的路上不被错误的人与事所干扰，才能按照企业制定的目标发展。

负责一个企业未来的人不是员工，而是总裁。如果总裁的决策失败，那么员工即便能力再强也无法补救。如果一个企业的总裁每日被公司的琐事烦扰，那么他要怎么去思考企业的运营方向呢？

二、总裁在思考企业战略的同时，应该学会放权

当企业的规模逐渐扩大时，总裁应该从公司中挑选出有能力者上位，并允许他们适当的犯一些错误，给他们成长的机会和空间。千万不能因为他们的错误就选择自己顶替，否则，不仅耽误了总裁的真正使命，也将让员工失去锻炼的机会。所以，一个好的企业的总裁，要在员工犯错的时候

允许他们自己思考、改正、总结，还要在适当的时候给予他们一些安慰和鼓励。只要不是致命的错误都应当包容。当总裁愿意理解员工的时候，员工会有受到尊重的感觉，从此对企业更加忠诚，可谓一举数得。

三、总裁应该具备随时调整管理力度和方式的能力

举个例子：

一家宣传公司，其重要业务是对一些重要商业客户的新闻进行推广。这家公司的总裁手下有两位新加入的员工曾经因为疏忽犯过一个大错：在一篇新闻稿中，将一项6月9日开始的发布活动写成了9月6日，当这个错误被发现时，稿件已经全部发出了。当晚，整个公司忙作一团，他本人也沟通了一夜，这才解决了问题。第二天，当他到达公司的时候，发现那两名出错的员工虽然看起来疲惫，却都小心的窥探着他的脸色，生怕被开除，而其他员工也表现的提心吊胆。

然而，这位总裁召开了员工会议，首先表扬了两位员工努力解决问题的态度，象征性的扣除了部分工资以作警示，并表示事情到此为止。在后来的工作中，这位总裁既没有再提过这件事，也没有表示出对两名员工的不信任，依旧安排他们单独处理公司事务。让人惊讶的是，这种看似不痛不痒的处罚不仅让员工的积极性高涨，也增加了员工的责任感和自觉性，此后再也没有发生过类似的事情。公司在他的管理下，员工逐渐成熟，而这位总裁，也从繁杂的琐事中被解放出来。

在这件事的处理上，这位总裁的处理方式非常智慧，他准确把握了员工的心理：

1. 对于做错事的员工而言，心理负担很大，既怕当时处罚太狠、又怕

领导“找后账”，前后矛盾之下难免心慌意乱。这时，领导安抚人心的能力就被放大了。既不能不处罚，又不能罚得太重。不处罚，难免会让员工产生“做错事不必负责”的心态；而如果处罚太重，又有可能会让员工害怕负责或者做事畏首畏尾。因此，在处理的时候，总裁们一定要以安抚鼓励为主，简单惩罚为辅。这样，既能够安抚人心，提升员工积极性，又能够让员工“长记性”。员工便可以在谨慎当中逐渐独当一面，总裁也就可以专心思考公司的未来，作出有利于公司的战略决策。

2. 总裁应与企业共同成长。如果总裁凡事亲力亲为，那么他就没有时间决定企业的大事，也就无法创造奇迹。这样的领导者，也很难让员工真心实意的为其工作。一个不懂得为自己减负的总裁注定是平庸的，因为他最重要的事情弃之不顾，反而去抓那些无法起到关键作用的小事，这就如同可以获得西瓜，却硬要捡芝麻的人一样。而一个懂得站在战略高度管理企业的领导人，才能将自己真正放到决策人的高度上，作出正确的战略决定。

在这个“商业型世界”中，企业家有很多，但真正可以将大事小事一起抓的总裁几乎是不存在的，当西瓜和芝麻放在一起的时候，总裁的正确选择将是他们成功与否的关键。

未来将以战略的名义淘汰一批企业家

总裁，听起来相当神气，总是让人们联想到豪车盛宴、前呼后拥，但事实上，真的如此吗？答案当然是否定的。总裁一样要面对市场，一样有可能因为自身的表现不佳，而被时代所淘汰。

一家音像企业的总裁，曾经是名震一时的企业家。早期，他只身一人来到北京，在音像领域的生产和销售中闯出了一片天地，曾被李嘉诚等商业巨鳄所青睐。近几年，这家公司因一次转型而迅速败落，甚至将曾经红及京城的几家连锁店也赔得精光，企业经营十分惨淡。这家企业为什么会发展成这样呢？原来这位总裁在企业的运营上还停留在 20 世纪 80 年代初期的思路上，采取走一步是一步的方式进行运作，而并没有确立一个切实可行的企业发展战略。音像业逐渐惨淡，就转行作会所，会所经营失败，就转而开发软件……几年下来，过往的运作成为了历史，而新的改良又将资金赔得精光，这样的恶性循环自然无法让企业走向正轨，反而在盲目的转型当中越走越失败。

在这个竞争日益激烈的市场经济中，总裁在战略层面的修炼水平已经逐渐成为了决定企业战斗力的关键性因素。在这样的市场背景下，中国的总裁们将面临更多的战略选择，这也将成为他们的一块试金石，如果对于战略的定位、运营不到位，企业将会面临核心竞争力的下降，从而造成整个企业的瘫软和崩盘。

那么，到底什么是战略？为什么战略因素能够淘汰总裁？

通俗地说，企业的战略就是企业未来的发展走向。作为总裁，需要以战略为起点，思考其中的目的、策略、前进方针等，以便于能够更好的达成企业的愿景。而总裁在思考之外，也要同时按照策略的长远性、企业的全局观、方针的指导性和战略的客观性等要求，对日常工作进行定夺。

既然知道了什么是战略，那么总裁应该如何看待制定战略的意义呢？

一、战略是企业发展成败的关键因素

企业的存在是为了盈利，因此，对于一个企业而言，经营的成败是衡量企业是否优秀的最重要乃至唯一标准。而能够影响到企业成败的，就是企业战略的科学性与合理性。也就是说，一个企业要想盈利，首先考量的就是其战略是否合理，是否在为企业的盈利服务。如果偏离了轨道，那么企业就将步入失败的行列，而整个企业经营也势必会被社会所淘汰。因此，选择一个好的企业发展战略是总裁在企业运作中唯一也是最大的经营责任。

二、战略的选取是企业实现自身平稳发展的唯一途径

每一个总裁对于企业的发展都应有一个稳健而现实的计划，而对于一个企业而言，平稳的发展无疑有助于企业的生存和前进。为了实现这一发展目标，总裁必须科学的选择企业的战略，如果在这一选择上出现了偏差，那么一个企业很可能就因此走向衰落，甚至造成整体崩盘。因此每一位总裁，都应树立“发展即战略、生存即战略”的思维模式，将发展和生存全部建立在战略的选择上，这样既有助于总裁在战略思考方面谨言慎行，也能够避免冒进的问题发生。

三、战略的研究是企业高效的先决条件

有这样一句话：向对的方向前进，越勤奋越成功；向错的方向前进，越勤奋越背道而驰。一个企业想要高效的发展，首先需要一个正确的方向。否则，即便员工再勤奋，企业也难以进行良性运转，又何谈企业的兴旺和发展。

四、战略是企业能否充满活力的重要保障

什么是企业活力？企业活力就是发挥企业本身在市场当中的优势，而企业的优势正是要通过企业的战略去发觉和探索的。如果一个企业没有战略，就无法对自己进行定位，也就无法判断自己有哪些优势，企业将会随时面临发展瓶颈，长此以往，这样的企业自然就无法生存下去。

五、战略是员工行动的“纲领”

在战场上，什么最重要？不是士兵素质，也不是武器装备，而是战斗方法，即我们所说的谋略。一个企业也是一样，总裁就是指挥官，战略就是《孙子兵法》，从短期来看意义不大，但从长期角度来看，则不可或缺。总裁作为一个企业的总指挥，如果一切任由员工随意行动，那他就失去了存在的意义。因此，总裁应规划出企业战略，引领员工按此“照方抓药”。相反，如果没有这个“兵法”，不仅员工在工作上会陷入盲目，领导也很容易产生“想起一出是一出”的情况，这样没有纪律、没有方向的团队自然也不会长久。

可以说，战略是一个企业的“灵魂导向”。如果总裁不能将战略规划的清清楚楚、明明白白，那么这个企业就会丧失方向，甚至走上偏门。而如果一个战略不能够实实在在的被企业充分应用，那么这个战略就会沦为妄想。如果总裁不能制定出明确合适的战略，他们必将被市场所淘汰。

因此，对于总裁而言，管理一个企业最重要的就是制定切实可行的战略，以引领整个企业向正确的方向发展。当然，不讲究战略的总裁势必会面临失败甚至一败涂地的境遇，而市场也将通过这样的“末位淘汰”制度去审视和筛选出一批头脑灵活、有战略眼光的优秀企业家，成为整个商业

社会的佼佼者和领路人。

走出荒诞的理想，建立真正适合企业的战略

战略是企业生存的命脉，企业要稳步发展，最主要的是要从企业本身的情况出发，建立适合自身的企业战略构想。形象地说，企业战略的制定就如同买鞋一样，如果不合脚，那么再美丽的鞋子也是中看不中用的。同理，如果一个战略不适合这个企业的文化与风格，那么再优质的战略也是无用的。

作为一个总裁，怎样制定适合企业的战略呢？

最基本的是，要制定出符合企业发展水平的战略目标。实际上，很多总裁常常将“目标”与“梦想”混为一谈。一个正确的目标能够指引企业从弱小走向辉煌，目标要根据企业的自身条件制定，而不能只根据理论生搬硬套，更不能“想当然”的以总裁不切实际的梦想为主，否则，制定出来的目标就如同海市蜃楼一般，不但不能引领企业走向成功，反而会害了整个企业。在实际工作中，选取目标要切忌“几年内成为行业龙头”之类的大话、空话和虚话，需要的是确立一个近期可以实现的目标。

为什么不能期望成为行业领军呢？因为，在航海中，如果船长的目标是一个难以到达的地点，那么整个舰队就会认为希望渺茫，缺乏前进的动力；如果船长的目标是一个又一个可达到的岛屿，那么整个舰队将在一次又一次的成功中获取自信，这让队伍在不知不觉中到达巅峰。企业也是如此，只有如楼宇一般一层一层的建造，并保证每一层楼的质量是最好的，

才能打造坚实稳固的团队基础。

所以，企业的目标一定要切合实际，哪怕这些目标看上去很普通，但只要对企业有帮助，就应该被果断采用。下面讲述一位总裁的事情。

这位总裁管理着一家广告公司，在同行眼中，这位总裁颇有雄心壮志：在创业之初便希望成为超越奥美的本土4A广告公司。因此，这位总裁不断向客户灌输自己的4A理念，以期望客户和他一起向4A之路迈进。但奇怪的是，随着他对描绘梦想的热衷，客户们却离他越来越远。这样一个积极努力的总裁，为何会越来越失败？

其实原因很简单，他“吓到”客户了。一些创业公司的总裁总认为客户喜欢有豪情的乙方，甚至认为客户会被自己的激情打动，从而得到订单，其实不然，原因在于：

一方面，乔布斯之类的靠激情和狂热打动他人的总裁实属少数，尤其在国内市场上，大多数会找到创业型公司的客户都属于“实战派”，他们之所以会委托小公司做事，是抱着“物美价廉”的目的。上述总裁那样的“雄狮”对于这类客户而言通常是危险而不切实际的，而对于创业型公司总裁而言，太过于“胆小”的客户自然也不符合他的理想，于是，这类总裁只能与他的理想越来越远。

另一方面，上述总裁的问题是，他定下的目标是现阶段无法实现的，当他的实力与愿景不相符的时候，很容易变得偏执。而一旦陷入盲目的偏执，就很难再退回原点，只能越错越多。遗憾的是，很多总裁根本没有意识到这一点，而是沉浸在“皇帝的新衣”当中，最终难免落得败北的结局。

那么，总裁到底怎么能够制定出合理有意义的战略目标呢？

一、要了解企业的现状，切忌自欺欺人

很多总裁在制定战略目标时总是“想当然”的按照自己的幻想制定，没有研究自己企业的特点和实际情况，最终只能接受失败的命运。

二、要清楚整个市场的情况

一些总裁非常了解企业自身状况，知道企业的优势、劣势，但对市场全局的情况把握不清楚，不知道企业在市场中的地位，便容易过度乐观或者过度悲观，从而作出错误的目标设定。因此，在制定企业战略目标之前，要了解市场概况，才能拥有正确的全局观。

三、要了解同类企业的大致情况

身为总裁，大多数人都对自己的竞争对手有着一定的认识，但是，如果不能掌握竞争对手的确切实力，是无法清醒地认识到自身企业的地位，也无法作出有效的目标判断。尤其是私企和民企，它们和大型企业相比显得势单力孤，在竞争激烈的商场当中，首要任务便是生存，因此，企业所有的目标应该都以生存和更好地生存为目的，否则，再宏伟的目标也只是空话罢了。企业的发展不能缺少利润的支撑，如果要将企业良好的运作起来，就必须先积累资金，只有达到资金的量变，才能发生企业的质变。而如果一意求快，用并不适宜的幻想强行推动企业，只能适得其反。

作为总裁要时刻谨记，只有利润才是企业的唯一需求和动力，而企业尤其是中小型企业，都应该以利润的实际增长作为目标，因为只有利润的积累才能在保证企业生存的同时促进企业的成长。

没有战略的企业注定“短命”

说到企业战略，就不得不提到竞争战略之父迈克尔·波特曾经说过的一句名言:“世界上总共拥有三种企业: 第一种企业永远不知道发生了什么; 第二种企业总是看着事情发生；第三种企业则是促进事情的发生。”

对于这句话，可能所有总裁的选择和理解都是一致的——要做促进事情发生的企业。怎样才能成为推进事情发生的企业呢? 答案是唯一的，那就是制定符合企业发展的战略。曾被微软、IBM 等企业顶礼膜拜的一句名言: “忽视战略，仅关注战术和执行，就会给企业带来灾难。”这句话也向我们揭示了一个现实，没有战略的企业注定会短命。

然而，在中国的企业中，大多数总裁并不理解战略，更无法运用战略带领自己的企业走向巅峰，这到底是为什么?

很多中小企业的总裁都认为“战略这种高深的东西与我无关”，但实际上，战略与每个企业都息息相关。战略管理的内容包括三个方面：战略、定位和决策。战略引导企业发展方向、定位可以准确的找到适合企业的营销手段、决策，这将会引领企业走向成功。

根据香港首富李嘉诚的企业经营思路，可以将其总结为：企业领导者必须长期坚持正确的经营思路和领导员工的使命感。企业在运营的时候，总裁一定要对每一笔投入和每一次扩张保持警惕之心，最理想的企业规划是一次规划出 3—4 年的扩张思路，并维持“扩张三年后退一年”的战略发展模式。如果总裁没有真正做到“三年之前心中有数”，那么就很容易在扩张三年之后误判形势，作出不利于企业的判断。

在李嘉诚的思路中，所谓“扩张思路”也就是战略发展模式。当总裁在扩张前就制定好思路、目标、步骤等“硬件措施”时，企业就会进入有计划的“三进一退”模式，而总裁本人也能够因为早期制定的战略而进入良性思考，避免“遇事慌乱”的尴尬。

中国佛教中讲究“有因必有果”，如果把这句话放到企业中，企业发展战略的制定就是“因”，企业的最终发展走向就是“果”，而总裁的责任就是去设定和制造“因”，从而得到自己预期的“果”。每个企业都有自己要走的路，只要这条路适合自己的企业，就可以将它变成自身成功的途径。一个企业是否出色，不是看它的疆土有多大，而是看它的选择是否睿智。定战略就像建高楼，一旦决定地基的深度，就等于决定了楼的高度、维持时间的长短。之所以要在定战略时谨慎小心，就是为了防止一个本应有着大好前途的企业变成“豆腐渣工程”。

然而，在现实中，依然有不少企业的领导人在做着本末倒置的决策。

有一位影视公司的总裁，在他任职期间一直有一个“宏愿”——做一部反映宗教的电影。于是，他找来了圈里不少电影人一起商谈，并斥资300万打造这一部“能够造福子孙后代”的电影剧本，然而让人意想不到的是，不到两年的时间，这位总裁的剧本竟然改了20多次，其中还更换了三位著名编剧，在剧本写出后，却没有任何一家投资方愿意出资投拍，因为“国内观众不会去看一部宗教电影。”而这家公司当然也难以避免倒闭的结局。

精益求精没有错，错的是这位总裁将自己的梦想当做了企业的需要，他没有了解观众到底喜欢什么，只是一味地沉浸在自己的世界当中。虽然质量好是一个企业生存的要点，但消费者不愿买单地质量再好都是没有意义的。

很多成功的企业也在不断地为总裁们提供指引，以海尔集团总裁张瑞敏为例：

1984 年，张瑞敏正式提出了享誉一时的“海尔战略”；1992 年，海尔多元化发展战略被正式投入应用；1998 年，海尔根据当下具体情况制定了海尔战略的国际提升版；2002 年，海尔国际化战略得到进一步深化……

如果你好好观察，就会发现海尔每隔几年就会提出一个几年之内能够达到的、适合企业自身规律的企业战略，而并非只是笼统的为“企业壮志”。这样合理、科学的企业战略为这个优秀品牌营造了一个出色的良性发展环境，从而引导企业进入了良性循环。

众多企业经验告诉我们，企业的战略布局与其生死存亡是息息相关的，一个企业如果没有战略的支持就注定会“短命”，只有具有战略眼光的企业和总裁，才能真正享受到企业成功带来的甜美果实。

那么，企业家应如何提升战略在企业管理中的位置?

一、看重细节，同样看重战略

国内很多总裁认为：细节的作用大于战略。即便是在策略为先的大环境下，依然有很多总裁认定“细节决定一切”，而并非是以一个正确的战略带领企业步入正轨。

当然，企业管理者并不应该否定细节与执行力的重要性，细节的注意和执行力的敏捷度都是企业的必要条件，但是，真正能让一个总裁发挥自己能力的却远远不止这些。那么，到底是什么能够让一个总裁真正发挥自己的能力，引领企业顺利走向成长之路？无数企业的实例证明，只有制定一整套具有差异性和创新性的个性化商业模式，才能真正带领企业不断成长并持续保持成功，而这个个性化商业模式，就是切合市场规律和企业实际的企业战略。倘若一个企业没有战略，那么它即使能够在一时赢得经济效益，也无法长期在竞争激烈的市场中存活下去。

二、将战略明确制定出来

对于企业总裁而言，战略能力并非是天生拥有的财富，而是在无数次的管理实践中学习和积累的。

企业总裁应该学会制定战略，包括个人对战略目标的设计、对战略实现过程的展望、对战略层面不同部门不同岗位的任务划分等等。或许一开始，总裁会不适应这样的战略制定过程，但坚持下去，整个企业和总裁自身，无疑将从中受益匪浅。

三、注重传播自身的战略理念

如今的管理应该被定义成为一种有效的影响，正是通过管理中的影响，总裁的战略理念，才能通过不同方式和渠道有效传播从而影响整个企业，为企业带来更好业绩。因此，总裁应该学会不遗余力地将自身的战略理念化解成为企业生产经营中的具体目标，形成不同的管理手段，通过不同的表现方式得以具体体现，从而影响到整个企业不同层面的员工行为，让战略在实际上成为企业的发展动力。

那些令人担忧的企业战略

虽然企业的战略非常重要，但依旧有不少企业对于战略没有概念，甚至不屑一顾。正因为如此，那些忽视战略的企业在风光一时之后危机频现，使企业处于倒闭的边缘。下面，让我们看一看那些“危机企业”究竟发生了什么？

广州珠江钢琴集团曾经是国内著名的钢琴制造商，以“造世界最好的钢琴，做世界最强的乐器企业”为企业宗旨，成为了钢琴行业的著名企业之一。然而，就在企业逐步做大的同时，危机也接踵而至：由于广州珠江钢琴知名度逐渐扩大，很多顾客都争相购买，因此琴行便大量购进珠江钢琴，以迎合消费者的需求。然而，家家都有珠江钢琴的情况使得琴行竞争日益激烈，多家琴行开始不断压价，展开了一场“顾客资源争夺战”。在这样的情况下，钢琴的价格越来越透明，而琴行的价格自然也随之降低不少。对于这样的市场情况，有老板透露，因压价情况无休无止，到了竞争最激烈的时刻，一架珠江钢琴仅能卖到几百元，而其他品牌的钢琴却能够盈利几千块以上。在这样的恶性竞争下，珠江钢琴在琴行的地位有了显著的下降。

为了盈利更多，很多老板都会购进珠江钢琴，却只用来当做吸引客人的筹码，一旦客人进店，老板就会不断攻击珠江钢琴，以达到吸引客人购买别家钢琴，获取更多利润的目的。后来，店家甚至会故意调乱钢琴的琴弦，以证明珠江钢琴的“劣质”。在这样的破坏之下，不少消费者开始不再信任珠江钢琴，甚至认为珠江钢琴的质量很成问题。这家本有着极高声誉的钢琴公司，就这样成为了消费者放弃的对象。

与珠江钢琴有着同样问题的还有麦考林公司。麦考林的商业模式曾经是不少商家竞相模仿的对象。在麦考林上市之初，红杉资本中国基金的合伙人沈南鹏曾经表示："麦考林的上市是经过资本市场的严格考量的，这家公司之所以能够顺利上市，更多的是因为它商业模式的出色，而并非只有盈利一个考量标准。"

然而，从美国"过海归来"的麦考林没有及时调整企业发展的战略，这只"海龟"很快遭遇了第一次"水土不服"。

在2000年之初，一再面临倒闭的危险。在这样的险情之下，将一直在贝塔斯曼任职的顾备春"挖"到了麦考林，企图解救企业于危难。顾备春任职后，立即决定尝试将电子商务与其邮购业务进行合理的结合，"麦网"正式投入运营。然而，麦网很快遭遇了互联网的经济泡沫，麦网并未给麦考林的主要业务带来太多转机。

麦网过后的近两年来，B2C网站不断呈现"百货化"，麦网也顺应时代，做起了百货电商。现在的麦考林，不仅出售男女服饰，还开启了红酒、蛋糕、保养品等业务，虽然作为总裁的顾备春一直强调麦考林后续的业务还将以服装为主，但实际上，整个企业的业务重点也逐渐开始繁杂。

除此之外，麦考林目前也没有放弃曾经独霸市场的邮购目录业务。虽然顾备春承认，随着电商的日益发展，麦考林的邮购业务唯一作用是为其做免费广告，但麦考林却依然坚持这一业务，这让很多同行业者感到不解。在业内看来，麦考林的邮购目录业务毫无用处，只能作为一种行将就木的过时渠道。更有部分投资者断言，如果麦考林不肯放弃这一业务，那么这个企业的整体战略就存在着很大的商业危机。然而，麦考林却依旧维持这一固有商业模式。

有商业顾问认为，麦考林现在最大的问题在于企业对于麦网的管理。现在的麦网已经成为一个平台式的网站，其结构实际上是在将外来品牌拉近麦考林自己的生存圈内，与自己争肉吃。面对花样繁多的外来品牌，现在危机四伏的麦考林显然并没有作出一个明智之举。同时，在产品款式和价格上，麦网都与其实体店如出一辙，这又带出了一系列新的问题，麦考林如何进攻二、三线城市？面对现在春笋般涌出的“天猫”等网站，麦考林既没有价格优势，也没有款式优势，那么这个曾经独领风骚的企业究竟要如何建立自己在商场中的立足点？这一切，让麦考林的地位堪忧。

那么，从上述企业中总裁们可以吸取哪些宝贵经验呢？

一、企业的经营离不开战略目标

任何企业都要以利润作为经营目标，但总裁需要注意的是，经营目标并非只有利润，更应该有长远的战略目标。因此，总裁应该引导企业树立战略利益的观念，对企业进行长期战略规划，而不仅仅只看到眼前利润。

二、企业的转型离不开战略思考

一个成功的企业，都会经过一次或者数次重要转型，但这并非意味着逆命题的成立，即转型也可能会导致企业陷入困境。企业总裁应该看到，转型本身应该是在战略思考层面首先加以设计好的，是有明确战略意义，并经过谨慎的战略分析之后作出的行为，转型应该结合企业目前所处的大环境，体现出企业的长远利益，从而符合战略要求，而不能是盲目和冲动的。

三、企业的团结离不开战略凝聚力

一个企业，在其内部凝聚力下降时，必定会产生各种各样的问题。然而，企业的团结并非仅仅是对员工个人的管理和引导就能够实现的，如果总裁不能设计出充分的战略凝聚力来打动员工，吸引不同人才，不能够用充分吸引人的集体利益来打造员工们在长远目标上的一致，他们之间的凝聚力就很难持续。因此，战略凝聚力应该被放到对团队提升的重要工具层面，从而加以重视。

改变不了环境，你可以改变自己

曾经在国民党政府中位居高层的张治中将军，在谈到蒋介石为什么会失败时，感慨万千：在国民党几十年，无论在任何大会小会上，都没有见过蒋介石批评过自己一次，永远都在说别人的不对……

如果用这个标准来看今天某些企业的总裁，我们会发现，即使他的企业今天发展得非常红火，也会为未来埋下隐忧。在做咨询行业的过程中，我发现很多总裁容易产生怨妇心理，他们常常对市场不满，对行业不满，对员工不满，但唯独没有批评过自己。

如一位电子行业的总裁，他总是抱怨“行业发展太快、竞争机制不利于企业发展、寻求优质技术已成为桎梏企业的枷锁”等等；同时，他认为，员工们的表现总是达不到自己的要求，总是希望少干活多拿工资；他还抱怨供货商不合作，客户的要求超出标准，等等。然而，他却从来不谈如何改变自己。

……

这样的总裁在实际工作中屡见不鲜——他们可能不会向下属如此抱怨，但在他们的内心，总是更多观察环境的问题，而不是发现自己需要如何改变。

在现代商业社会中，高新技术不断崛起，全球化的经济体系不断更新，市场份额面临着不断重新洗牌的可能。在竞争激烈的外部环境之下，新型的商业要如何构建一套属于自己的应对方式成为很多企业面临的问题。在这样的情况下，能够想到的解决方式只有一个——那就是从总裁对战略方面的认识入手。即管理者的成长必须要比社会“快一步”。

那么，怎样才能实现这“一步”呢?

一、作为一个总裁，要先做一个“预言家”

作为一个企业的领导者，总裁应时刻认清变幻莫测的社会局势，不要被眼前的利益蒙蔽，要学会“预料未来”而非被动的适应未来的变化。换言之，总裁的首要任务便是思考，思考未来局势，思考商业变化的走向，要时刻具有超前意识。

与此同时，为了克服总裁个人的性格弱点，防止因个人缺陷造成的“战略负面”，总裁要随时准备“两手抓”。一方面，要全面建立企业的激励制度，并加以改进和完善，也可辅以股票期权等高额激励，以便诱使员工与企业同时进步，并将企业与员工的利益挂钩，随时研究企业的成长模式，最终达到事倍功半的目的；另一方面，要完善公司的上下级结构，形成人才梯队制度，以便在遇到员工突然离职时可以及时更换适合的员工上任，杜绝无用员工及冗员的出现。

二、在企业需要进行战略的具体调整时，寻找和确定良好的策略

要解决战略调整问题，唯一的途径是建立及时有效的预警机制。预警机制不仅能够让总裁本人富有前瞻性，还能准确及时的预知行业即将面临的变化并适时的调整自身以适应大环境。因此，预警机制可以说是总裁的“黄灯”，让他们在犯错前及时“刹车”。而要建立起一个有效的预警机制，首先就要制定预警指标。这就如同烧水，如果你根本不知道怎样才算是“水开”，那么就不知道何时关火最合适。企业管理也是如此，作为总裁，要告知企业员工企业的真实底线是什么，才能够制定出真正有效的预警机制。

三、确立总裁个人的预警指标

总裁的战略预警指标，从微观上讲，需要围绕企业现实特点出发，从企业的产业供给、市场的实际需求以及商业的竞争模式入手。在建立预警制度之时，通过对以上三方面的各种检测和数据分析，就能够得知市场大致走向，从而“预言”出市场是否将会“变天”，并在发生变化之前先调整自身结构和战略，力求成为第一个改良的企业，这时，企业自然可以抓住这一机遇，成为行业的先导者。

另外，还要加强对环境的感知能力，培养企业对于“变化”的敏感度。企业作为庞大的体系，最需要的就是“开放”。只有将企业作为开放的平台，才能够与外界进行合理的信息交换（包括物质交换、信息交换和资源交换）。要知道，在复杂的商业环境中，任何微小的变化都可能会为企业带来巨大的机遇或危机。此时，提高企业的感知能力将有助于企业化被动为主动，化危机为机遇。要提升企业对于社会的感知能力是有一些方法可以参考的，下面列举感知环境的一系列有效步骤。

1. 了解环境

总裁需要了解环境对组织可能产生的影响及其程度。商场大环境充满着不确定性，总裁需要建立自己的信息渠道，去认识和了解整个大环境的动向，并研究其正确的变化规律。

2. 分析确认

在了解大环境的基础上，对每一个细微的变化进行深度的分析与确认，并预测这些变化将会对市场和企业带来怎样的影响。

3. 作出反应

在分析过后，要立即根据分析作出反应。对于一个企业而言，胜败的关键在于速度，古语有云：世间唯快不破。要想成为行业的前瞻者就要以“快”作为企业进行商业反应的要诀。需要注意的是，在快速反应的同时，不要忘记以“准”为最终目标，充分运用对于企业战略发展有利的环境变化，让环境为企业服务；如果遇到对企业不利的变化，首先要沉着冷静，其次要改变自身，让企业与行业环境精神相符，只有这样，才是有效的战略变更。

综上所述，与其每日抱怨商业环境的不公及缺陷，不如做个智者。如果时不利我，不如换个思维，改变自己，让自己成为时代的宠儿。而一个总裁只要能够做到随大环境的风雨调整自身，就一定能让企业随之步入成功的阶梯。

第二章　战略是总裁管理企业的必备能力

科学性是总裁战略本质

作为一个合格的总裁，管理企业绝不能仅仅依靠“眼前看得到的利益”，更应关注企业的长远发展。因此，企业战略的制定就显得尤为重要。

既然战略如此重要，那么要怎样制定出适合企业的战略呢？

对此，根据战略大师迈克尔·波特对战略的见解，我们可以总结为：战略的本质在于科学，而科学制定战略的核心则在于将方向的把控、利弊的权衡以及基于现实基础的战略把握。

那么，怎样制定出科学的战略呢？

下面，先讲一个案例。

一位负责一家养老地产公司的总裁，在风光秀丽的蓬莱购置了一块地皮，建造了一个养老产业园。他认为这个行业竞争小，便为这个项目制定了一个企业发展策略，即成为国内第一家城市老年人休闲娱乐基地，并将消费目标锁定于北京、天津等地。在制定了这个发展战略之后，这位总裁又亲自招聘了几位员工，并让他们以流水作业的方式分管战略具体实施、企业危机的监控以及最终效果的评价。他自己负责为员工解决一些疑惑。为了让企业的执行力更高，这位总裁还常常亲自检查员工在细节上面的问题，并亲自给予指导。也正是因为需要把控每一个细节，这位总裁夙兴夜寐，常常为了纠错熬通宵。可最终，这家公司却以失败告终。

他非常疑惑与不解——已经制定了战略，为何依然失败？究其原因：这位总裁没有根据自身情况制定企业发展战略。优秀的企业战略应该是针对企业自身情况制定的可以达到的目标，而不是想当然的“认为”。

1. 案例中的这位总裁一心认为养老地产竞争力小，却忽略了根本性的元素。

即为什么竞争压力小？在这个商业社会中，已经鲜有空白产业的存在了。在之前，同类企业也曾经在养老地产方面有过尝试，那为什么最终都会失败？只有正确解答了这个问题，才能真真正正的确立企业发展战略。实际上，大多数养老地产失败，恰恰是因为，国内愿意前往外地养老的老人少之又少，所以大多数企业才无法将这个事业真正运作起来。而这位总裁却并未思考这个问题，就直接妄言做“第一”，这本身就是鲁莽的行为。

2. 这位总裁在制定发展战略之初便缺少了一个非常重要的步骤——对自己所处的环境以及将要面对的消费者人群进行调查。

蓬莱的确非常美，但是这样一个依山傍水之地面对的都是哪些客户？北京和天津人群都有一个共同习惯——恋家。这两个城市的人群根本不适应长时间离开所在城市去其他地方度假，因此，客流从一开始便有了局限性。

3. 这位总裁只负责员工疑惑的解答和细节的把控，并没有树立企业战略全局观和整体意识。

作为一个总裁，最重要的就是具有整体管理意识，这也是总裁与员工的最大区别。但是这位总裁却只知细节重要，而不进行全局的把控，导致整个企业运作和变化无人了解，自然就难以逃脱失败的命运。

由此，总裁在科学制定企业发展战略时，一定要注意以下原则：

一、在制定战略时应遵循适应环境的原则

我们都知道，一个人从小在怎样的家庭环境中长大，很大程度上决定了这个人将来的人生，即使稍有差别，家庭环境和背景也将影响这个人一生。因此，在制定战略时，我们需要科学、详细的了解企业当下所处的环境，而不是只按照自己的想法做事。这就如同了解了这个人的“家庭”一样，只有详细而彻底的了解企业的背景，才能知道这个企业应该会有怎样的“个性”，才能更加容易引领企业走向成功。这是总裁制定战略的第一步，也是至关重要的一步。

二、在首次战略实施中全程控制和管理整个流程

战略是一个长远决定，但同时它也是一个确实存在的过程，在企业首次确立战略时，应当参与战略的整个过程，即战略制定、后期实施、过程控制以及最终评价。作为总裁，在参与这四步时要切记：这四个环节是整个过程，它们相辅相成、缺一不可，总裁一定要将每一环进行实时把控，否则任何一个环节出现问题都会影响战略的全局部署。

三、坚持整体观原则

在总裁管理整个战略时，还有一个很重要的原则，那就是整体观原则。很多企业总裁（尤其以服务行业总裁居多）常常将“细节决定命运”这样的话挂在嘴边，从而忽略了一个总裁的真正职责。要知道，对于细节的把控在于经验，任何一个资深员工都可以完成细节优化的工作。但是总裁对于全局的把控力是普通员工所难以做到的，因此，对于一个总裁而言，把

握好企业整体运作情况远比追究细节更有意义。

四、在战略执行中，应保证企业员工的全员参与

中国有句俗语叫“牵一发而动全身”。在企业的运作中，每一个员工便相当于一个人的四肢，四肢有伤痛虽然不会致命，但也会造成残疾，从而影响人的未来。由此，员工的失误或许不会引起企业灭亡，但会造成企业在某个环节的问题，甚至影响企业在社会当中的形象。为了避免这个问题，就需要让全体员工一起参与整个战略执行，树立员工的全局意识，让员工从根本上理解战略和自身在整个部署当中的位置，从而作出更高效的工作。

五、应随时进行战略上的反馈和修正，引领企业随时拨乱反正

战略执行是一个过程，需要很长时间才能看出效果。但是在诡秘莫测的商场中，变化无处不在，一个新政策的出台、一个新行业的诞生，无一不对企业战略有着举足轻重的作用。因此，战略的实施不是一战到底，而是分阶段规划，分步骤实施。为了避免因突发事件而使企业措手不及的问题出现，作为总裁应当随时监控企业运作情况和市场变化规律，这样才能保证企业战略的适时性和前瞻性。

综上所述，总裁在制定企业战略时，应当坚持企业战略的科学性，并有规划、分层次地进行战略规划的执行，并随时进行规划方面的修整。只有这样，才能真正有效的制定出企业发展战略，引领企业走向正确的道路。

总裁战略是一个不依赖他人的系统

总裁的战略系统应当具有如下的特点：前瞻性、动态性和独立性。其中，独立性是整个战略能够合理运作的基本保证。因为总裁所在的管理位置，决定了他必须依靠自身对企业的了解、对市场的认识、对现状和未来的思考，作出正确而独立的决断。

曾经有一位相当低调而谨慎的总裁，他在创业初期就意识到企业应该拥有属于自身的企业战略，因此，在企业运营前期他便高薪聘请了一位专家，专门为公司制定企业发展战略。

为了显示对专家的尊重，总裁无论大小事宜都与这位专家商量，很多战略的策划全权交给这位专家。在起初的时候，专家的确发挥了自己的优势，将企业打理的井井有条。但是，当企业进入转型期时，专家的胃口开始变大了。不断向总裁索要更大的利益，而总裁也随之不断妥协。可这位总裁的妥协却没有让专家留下，在获取了既得利益之后，他便将个人股份抛出，断然而去。然而，专家走后，这位总裁却发现了可怕的“后遗症”——因为长时间依赖他人的帮助，这位总裁完全不了解企业的具体战略情况。最终，这家公司随着专家的离去而陷入低迷，短时期内也未能恢复。

当我第一次听到这位总裁的遭遇时，脑海中浮现了一个毒品上瘾的画面——毒品对于刚刚吸毒的人而言，只是一种“放松消遣”的辅助，随着他给人带来的错觉，人们开始逐渐依赖毒品，而当毒品突然不见时，吸毒之人便崩溃了。

1. 这位总裁的错误和吸毒者一样，或许在刚开始，总裁不过是让专家帮助他管理企业，当他看到专家的能力之后，便深感此人重要，从此一心只想维系专家的忠诚度，却忽略了自身独立对战略意义的重大价值——直接影响、管理和制定战略。正是因为失去了对战略的主导权力，他才走上了失败之路。

网络上看见过这样一段话，大意是：一个决策者不应依赖任何一个人，因为当我们依赖别人时，别人就成为了我们的拐杖。当这个人离开之后，我们失去的将不只是一个人，而是自己的精神支柱。要知道，没有独立精神的管理者将如同失去了翅膀的老鹰，空有雄心却再也不能飞翔。

2. 需要明确的是，我们不否认优秀员工对于企业的重要性，但是，作为企业的直接负责人，总裁应该在听取优秀员工的建议之后以自己的头脑去判断，而不是把所有希望寄予员工。要知道，总裁才是那个“为企业成长买单”的人，员工在企业的价值也是总裁赋予的，一旦总裁依赖员工的能力，这无异于本末倒置，此时，总裁就很容易被有能力的员工所“绑架”，成为给员工打工的“高职位民工”。

3. 除了这位总裁的“员工型依赖”之外，还有一种依赖也应被杜绝，即将前辈企业家的经历当做财富圣经，我们称之为“权威型依赖”。

在企业界曾经有一阵“企业家风潮”，从李嘉诚自传开始，无数优秀管理者的传记开始涌现市场，在中小企业圈中风靡一时。这股“权威热”感染了很多总裁，其中，有一位总裁每日捧着一本《李嘉诚传》，津津有味地看个不停，还把它当做必读书目推荐给员工们看；市场流行《卡耐基全集》的时候，这位总裁又要求员工每日写一篇报告交给他。可日子久了，这位总裁和他的员工，却没有丝毫的进步，反而因为过于模仿企业家的策略而影响了自己的企业，导致战略决策与自身企业的事实不符。

要知道，着迷于所谓的权威也是一种依赖，虽然并非是依赖某一个人，但依然是没有自己动脑思考的一种表现。有很多企业家习惯在成功之后将自己“神话化”，着重于自己的艰辛历程，却常常将自身成功的真正要诀隐去不提。如果一味的听信所谓“企业家历程”，就会很容易制定出一些不切实际的战略。

总裁应该明白“依赖”和“依靠”的区别，并借此了解如何保持独立的战略观点。

一、依靠能够让企业获得援助，依赖只能让总裁变得唯唯诺诺

有这样一句话:“好的开始就是找到一个可以帮助自己的人。”在这里，总裁们最大的敌人就是把“帮助”和“全权负责”这两个概念混淆。对于一个企业管理者而言，在管理企业的过程中（尤其创业初期）最需要的是来自于权威人士和员工的帮助。这个时候，你需要靠资深员工为你提出宝贵意见，但是，作为总裁必须将所有内容独立思考后再进行决策，切忌将所有责任推到员工身上。

二、依靠别人的经验能让你成长，依赖别人的经验只能变得僵化

依赖前人经验与依赖员工一样，都是对企业不负责任的表现。作为一个总裁，当然应该多多借鉴前人的经验，但如果没有经过自己的头脑，而只是机械地去模仿，那么再好的点子也没有意义。

三、战略的雏形可以依赖他人建立，但无法依靠他人执行

在制定战略雏形的过程中，总裁有必要听从他人建议，依赖他人的能

力加以制定，但是，总裁要明确的是，战略计划无法依靠他人执行和推进，这是因为只有总裁才能够对企业的实际运作负责和指导，而其他人即使能力再优秀，也只是“锦上添花”。正因为如此，总裁更有必要依靠自己来完成战略的建立和执行。

综上所述，作为一个总裁最重要的就是独立运用自己的头脑，如果说每个人都拥有一个核心竞争力的话，那么总裁的竞争力就是比员工更有前瞻性和责任感。总裁这个职位本就是为勤思考、耐寂寞的人所准备的，既然你登上了这个位置，不相信自己还能相信谁?

不战而胜的总裁战略模式

所谓战略，并非短时期内一城一池的得失，也绝不是着眼去解决企业眼下的问题。战略模式的建立，意味着对企业长时间的经营运作进行指导。从战略角度看问题，时间单位就不是短暂的一天、一周、一个月、一年，而是以更大的时间单位如五年、十年乃至几十年为标准来考虑问题。

在现实工作中，不少企业的总裁在制定战略方案和建构战略模式时，并没有考虑如此久远的时间，只是设定一两年的规划来体现出战略，并且事实上形成的结果还相当不错。其实，这两者并不矛盾。总裁从长时间考虑战略问题，是为了能够从市场整体的全局高度，看清楚究竟什么才是真正的发展方向，而当战略制定具体到其中一两年时，反映的则是规律的具体表现。但不管是前者还是后者，进行战略规划，目的都是为了克服企业对于未来规划的不确定因素，是为了能够更好地对抗偶然性——即所谓的时间、空间和人员的变量。

当变量的问题予以解决后，总裁带领的企业往往能够在许多方面形成自然而然的上升趋势。他们将不必费尽心力想方设法去超越对手，因为企业已经走上了正轨，顺着战略规划的道路前进，近乎于不战而胜。

曾经有一家相当不起眼的乡镇服装企业，从最初亏损导致的人心浮动，到今天的年利润上千万，这家企业的发展道路，体现了总裁战略眼光的重要性。

当时，企业面临急需克服的窘境，总裁上任以后，首先通过树立长期愿景、解决员工实际需要等方法，帮助员工获得了对企业命运的关注力，从而更好地让他们凝聚在一起。接着，总裁对周边市场和本地资源进行了仔细地分析和思考，加上情报的归纳比较，对行业的了解，同时听取了足够的意见和建议，最终确定改变企业的业务项目，将原有的粗放型原材料加工提升成为精准服务的代工，从而明确了未来业务的发展方向。此后，随着企业经营情况的好转，这位总裁进一步确定，企业的核心竞争项目应当确定在童装方面，原因在于该企业的原料资源和客户资源都集中在这个相关领域内。

随着战略的建立和调整，这家企业不仅起死回生，而且走向了顺利发展、不战而胜的道路。

在战略发展中，企业管理者需要解决的因素有：需要凝聚企业内部的力量；需要在时间上获得持续发展的业务；需要在价值上体现出能够战胜竞争对手的核心水准。通过这三方面的表现，企业将最终获得强大的核心竞争力。可见，核心竞争力并不是由单纯的层面构成，它必须来自于总裁站在高瞻远瞩的战略方向上，对企业各方面资源和力量的调动与组织，形成具体的优势模型，并保证企业能因此而获得充分的领先。

因此，总裁想要建立充分构建和支持核心竞争力的战略模式，应该积极从以下方面进行努力：

一、通过从战略层面努力凝聚人心

企业的任何业绩，都离不开员工的努力。对于总裁来说，经营的根本问题，在于如何利用战略设计，将员工的积极性调动起来，从而形成良好系统，并进一步凝聚。表面上来看，企业的利润高低，是让员工凝聚的动力。但实际上并非完全如此，企业管理者还应该通过更加深入长远方向的因素来凝聚人心。

首先，需要用价值观来凝聚人心。总裁需要建立起企业的价值观，因为价值观是对企业存在意义的解释和回答。有怎样的价值观，就有怎样的员工队伍，因此，总裁应当从战略层面意义出发，坚决杜绝自己和身边领导盲目重用“亲信”的情况，而应鼓励重用那些价值观利于企业发展、能够起到凝聚作用的员工。

其次，需要用愿景来凝聚人心。总裁应该用愿景来影响员工的看法，通过描述企业的未来情况，让员工同总裁走得更近。让价值观成为整个员工队伍的“通用语言”。

最后，用来凝聚人心的因素是使命。所谓使命，是指企业行为的目的。当总裁能够利用战略设计来解决为客户创造价值的问题后，价值观就能够帮助企业建立起坚强的员工骨干队伍。

当然，战略目标也能够起到凝聚人心的作用。所谓目标，是指企业能够达到的标准。一般情况下，公司战略目标，指的是3—5年内公司需要获得的利润目标。战略目标展现出的吸引力，能够有效地吸引员工中的优秀人才。

二、通过战略时间观点把握业务

企业的生命线在于其业务，业务是企业能够提供给社会相应财富的唯一渠道，同时也是企业自我维持生命的重要途径。因此，在总裁考虑业务的时候，应该学会用战略发展的眼光来看待企业如何拓宽业务，而其中重要的方面在于如何利用战略方针来控制好和业务相关的时间因素。

实际上，总裁不妨这样思考：如果企业目前的现金流突然断裂，那么，企业应该靠怎样的业务生存下去？这样的思维，借重战略在时间因素上所需要的现实感，才能体现出总裁对战略思考的重要性。总裁在解决业务的时间矛盾过程中，应该首先解决企业如何能够生存长久，即当企业遇到最坏情况时，应该靠怎样的业务加以应对。换言之，即当企业伴随着时间因素的变化，进入到下一个时间段内，目前最主要的业务产品可能都会不复存在，如曾经风光一时的寻呼机、小灵通、儿童学习机等等都是如此，那么，总裁应该能在此之前就把握好战略思维，既能够保证目前团队的利益，同时又能够让他们针对时间因素而具有更高的战略思维。

三、通过战略评价引导满足客户

总裁为什么要在战略评价上用心？因为，一旦企业能够从宏观和细节上都满足客户的需求时，企业自身的核心竞争力就能够找到其形成和爆发的基础了。从这个角度来看，诸如沃尔玛、谷歌、苹果、微软等一流的企业，之所以能够获得迅速增长并得到整个行业的看重，同时获取全世界消费者的喜爱，关键在于其总裁的战略思考中，看重客户的识别和满足。从某种意义上来说，总裁为企业设置的竞争起点并非应该是竞争对手，而应该是自身面对的客户。总裁应意识到战略的指向不是表面上的那些对手，而应该是客户本身的需求。所谓战略中的竞争能力，应该是为客户创造价值和满足需求的战略。

因此，总裁应该对战略竞争力进行如下划分：首先是价值的战略，即总裁通过将客户的价值进行精确定位，从而实现对客户价值的细分，这种细分既有客户提供现金流的能力，也包括客户自身价值需求的主张。其次是产品、区域和客户相互之间关系定位的区分，总裁可以带领企业在产品上、在区域或在客户上进行竞争，从而让客户感到自身的位置获得了有效提高。

总裁战略的四大标准

如何带领企业长盛不衰，是许多总裁经常思考的问题。但实际上，有的企业能够真正获得持续的上升动力，而有的企业则只能昙花一现黯然离去。究竟如何衡量总裁战略的成败，并不是必须要到最后结果出现时才能得到答案，而是有着其明确的标准来加以体现的。

评价总裁战略的标准相当重要，这些标准能够帮助企业的总裁及时明确自身设计的战略是否明智理性，是否具备充分的潜力和希望。缺乏对战略的观察和评价过程，会令总裁陷入盲目自信中而无法改变。

曾经有一家企业，经营建筑外层涂料，在行业中占据了不错的业绩排名。随着新总裁的上任，他决定将企业的业务进行拓宽，将产品推广到更多的地区。为了达到这样的目的，总裁要求下级制定出了具体的方案，这些方案分别从销售人员、产品设计、销售途径、销售过程等层次，设计了拓宽业务的模式。然而，如果仔细观察这些方案可以发现，对员工的激励缺乏真正有效的方法，只是采取强行提高任务的方式进行；缺乏对产品设计的新意，只是希望卖出更多市场上已经具备的同类化产品；在销售途径和过程中，也缺乏真正可以打动客户的内容。

可想而知，这家企业最终没有实现总裁制定的发展战略。

可以用四个标准来衡量总裁战略的正确程度：首先是凝聚员工动力的水平，其次是指导业务发展的水平，再次是获得竞争优势的程度，最后是如何获得持续竞争力的方法。这四个标准，能够立体均衡地体现出总裁战略设置的水平。

在这样的框架中，总裁的战略水平能够得到全面而涉及本质的分析。更重要的是，通过这四个标准，总裁们将不仅能够了解自己“能够”或“可以”做什么，同时还了解了“必须”做什么这样更加重要和基础的问题。比如，在第一个标准中，体现了企业的愿景设置、核心价值观和战略目标的内容，在第二个标准中，企业的核心业务、扩展业务和潜力业务也得到了很好的体现，在第三个标准中，企业的价值和竞争战略能够得到合理的评估，而最后的标准中，企业核心竞争力的认定和发展，能够更好地体现在全盘战略中。

以上四个基本问题看起来相当简单，也正是因为这些评价标准表达简单，才会常常被忽视。

总裁可以从以下四个方面进行标准的确定和执行。

一、战略选人的标准

总裁为了有效制定、推广和执行战略，必须要通过有效执行来凝聚员工的集体能量。这要求总裁能够通过对愿景的规划和宣传、对核心价值观的解答，从而向员工推广他们的工作目标。总裁应该清楚，员工并不是为企业单纯工作的机器，他们必须要在企业的运作中获得充分的价值观认同，这样，才能得到由远及近、由虚到实的战略目标，并由此来影响自己的工作目标。在这个过程中，总裁将能够更加清楚地认识到自己目前的位置，可以更好地评价自己的战略水平。

作为企业的管理者，总裁应该学会选人标准多元化。其中，远景规划和核心价值观的结合是更加高远的，它们能够回答出长远目标和工作动力的问题，正是由于这样的因素融入标准，才能成为恒久不变的选人标准之一。同时，由于战略目标是具体的，可以体现员工的物质需求，也可以在实际层面上指导总裁的战略选人。

二、战略业务的标准

总裁怎样帮助企业从正确的业务中获得战略标准？实际上，企业的目标是长期获得利润，而是否能够做到这点，取决于下面的这些标准是否被正确的看待。

1. 核心业务

核心业务是总裁判断企业目前业绩的重要标准，是优先考虑的。对于总裁而言，应该明确核心业务所产生的效果，即它们怎样带来了企业目前的金钱收入，是否能够保证企业目前的繁荣。

2. 扩展业务

这方面的业务将提供企业增长性的空间，从而帮助总裁分析企业明天的高增长可能性，并且发挥出尽可能的潜力，最终取代原有的核心业务。

3. 潜力业务

潜力业务应该以企业未来的标准加以看待，在这样的标准指导下，总裁应该对这些业务进行精心培育和不断选择，从而保证企业在未来获得继续受益。

总裁对上述业务的安排和看法，能够形成判断自身战略是否合理的重要参考。

三、战略竞争的标准

一切战略都是为了超越而存在，总裁如何通过战略竞争而超越其他对手？这同区域、客户和产品三方面都有关系。从区域上来说，总裁应该学会判断自己是否在核心的区域中制定战略，是否能够始终保持其原有的持续盈利能力而不是盲目寻找所谓新的增长点。从产品上看，总裁应该努力对企业将侧重开发的新产品、寻找的重要客户加以细分。这样，整个战略竞争的标准才能得到有效建构。

值得注意的是，区域、产品和客户的指标中，有着相当重要的共同评价方法，那就是企业必须而且只能做好其中一部分，而不可能全盘获得优势。只有当战略能够保证企业从上述指标中获得应有方向的突出利益，做到将精力集中在最有效方面时，这样的战略才是有效的。

四、战略核心的标准

总裁制定的战略如果缺乏核心竞争力，企业就不可能持续的发展，而只是为了赚到短期的利润。总裁判断战略核心是否正确的标准是该战略能否让企业长期盈利。有的企业一时尝到了甜头，从短期来看的确有足够的利润，但很有可能在未来某天失控，失去原有的竞争力。那么，当前的战略就不能作为企业长期发展的核心战略。当然，长期战略包括企业的方方面面，从内部资源到外部资源，从人力、到财力、物力，总裁唯有在竞争中不断修正、完善战略，才能逐渐形成企业未来的战略核心。

第二部分

新时代总裁应有的4大战略智慧

第三章　战略智慧 1：凭什么凝聚人心？

凝聚人心靠核心价值观

“人心齐，泰山移”。一个企业如果能做到上下同心，那就必然会取得成功，而凝聚人心归根结底是要靠核心价值观。在认真分析世界五百强企业以及国内的一些知名企业的运营轨迹之后，我们不难发现，凡是能够取得长胜繁荣的企业，都拥有一套受到总裁影响而始终贯穿于企业每一个环节的核心价值观。下面是一些著名企业的核心价值观：

迪斯尼——带给千百万人快乐，并且歌颂、培育、传播健全的美

吉百利——竞争力、质量，明确的目标，朴实，开放，责任感

美林——客户为本，尊重个人，团队精神，负责的公民感，正直诚实

惠普——热忱对待客户，信任和尊重个人，追求卓越的成就与奉献，注重速度和灵活性，专注有意义的创新，靠团队精神达到共同目标

默克制药——企业的社会责任感，企业各方面绝不含糊的质量要求，科技为本的革新，诚实正直，盈利（从为人类造福的工作中盈利）

索尼——提高日本的国民文化和地位，成为行业先锋，向不可能挑战，鼓励个人能力和创造力

宜家——创新，人性化，朴实，追求大多数客户利益和意志力

路透社——准确，独立，可靠和开放，及时，创新和以客户为本

摩托罗拉公司——保持高尚的操守，对人永远地尊重

宝洁公司——领导才能、主人翁精神、诚实正直、积极求胜和信任

波音公司——领导航空工业，永为先驱；应付重大挑战和风险；产品安全与品质；正直与合乎伦理的业务；“吃饭、呼吸、睡觉都念念不忘航空事业”

IBM 公司——成就客户、创新为要、诚信负责

Intel——客户服务、员工满意、遵守纪律、质量至上、尝试风险和结果导向

Yintl——因为执着，所有专业

联想公司——成就客户、创业创新、精准求实、诚信正直

万科——创造健康丰盛的人生（客户是我们永远的伙伴，人才是万科的资本，阳光照亮的体制，持续的增长和领跑）

阿里巴巴——客户第一、团队合作、拥抱变化、诚信、激情、敬业

普诺德——爱心、正直、创造、奉献

……

从这些优秀的企业转回头，看看我们身边大多数公司的价值观，其制定过程往往都是总裁个人决定的，他们在一时感悟之下盲目的加以确定——某些情况下，总裁在某个地方看到了一句话，觉得不错，就拿过来作为企业的核心价值观使用，有可能连必要的修改润色都没有。每年企业圈子中的时髦词语都不同，有些公司的总裁甚至会每年更换自己提出的价值观，并在企业内部不断加以宣传改进，好像只有这样才能体现出与时俱进的精神。这样的“价值观”实际上不是企业的价值观，顶多只能算总裁个人的价值观，和员工没什么关系，无法产生战略层面上的意义。

总裁应该如何树立企业的核心价值观呢，如何让核心价值观进入到战

略应有的层面呢？在这方面，微软公司是一个优秀的范例。

微软公司的核心价值观，既是公司几十年在实际工作中的总结——通过发展过程中长期积累而形成的精神财富，也是领导层尤其是其总裁比尔·盖茨根据竞争环境的需要而进行不断调整、不断完善的结果。这样的价值观，不仅会形成纸面上的文字，也会保证微软公司在日常工作中能够养成这样的文化：即管理者会时刻提醒员工遵守基本的工作准则，要求员工将集体的价值观转换成可以付诸实践的具体个人工作目标。因此，有了这些价值观的帮助，微软公司的员工可以进一步增强对微软企业文化的认同，可以在工作中发挥更大的潜力。

一个企业的文化和价值观，是企业全体成员在生产经营活动过程中形成的共同行为规范和价值观念。因此，企业总裁应该将之看做战略制定和规划的支持。

总裁可以从三方面学习微软在核心价值观上的成功经验。

一、总裁应该充满激情、迎接挑战、目光长远，并以此推进核心价值观建设

1. 发现问题

一个企业如果缺乏激情、恐惧挑战，那么就只能困守现有水平。总裁作为企业的领导者，要及时发现企业现有的问题——包括企业中的僵化思维、过分使用的价值观，企业中的员工缺乏对价值观的追求的等。实际上，许多企业的价值观的确存在问题，而总裁的看法是：对目前有用的，就是有价值的，对目前无用的，就是毫无价值的。对所谓有价值的观点，总裁经常大加赞赏宣扬，对于目前缺乏价值的观点理念，就不愿意多提倡。在

这样的理念指导下，企业很难充满激情，并用之以迎接挑战，更谈不上推进核心价值观的建设。

2. 重新认识

价值观应该是可以超越某个时间段上某些具体事情的利益，这就要求总裁在对待企业价值观的问题上，具有真正的激情和勇气。要从战略的高度上对价值观进行重新认识，摆脱原有的不利影响，要鼓励人们用长远的眼光看问题。总裁不要执着于短期的利润，要能够超越这些眼前利益，在利益跟前坚守底线，从而做到对企业、员工和客户负责。但要做到这些，不仅需要总裁具有冷静、理性和清晰的头脑，同时，也要求他敢于挑战、敢于坚持自我、敢于做到为长久的利益而放弃眼前的收益。

二、核心价值观，一定要强调企业、员工和客户的安全

微软是财力雄厚、技术突出的企业，其核心价值观中没有“冒险”这个词，这并不意味着微软缺乏必要的进取精神，只是它的理念价值中，“安全”放在了相当重要的位置。不仅微软如此，许多成功的大企业，从一开始都将“安全”看做重要的企业价值观。如杜邦公司的企业价值观是：安全；健康和环保、商业道德、尊重他人。虽然这样的企业价值观看起来缺乏英雄主义的激情，但总裁应该明白，“安全”代表了企业在战略层面对员工的关注、对产品的看重和对客户的重视，这样的价值理念是永恒的，无论在怎样的市场环境和行业现实中，企业都会因为坚持这样的价值理念，而显得与众不同，可以体现出总裁在战略规划上的全面性、科学性和前瞻性。

总裁可以将“安全”放在企业价值观中的基层位置，在会议中多进行与之相关的议程，多提出对安全的重视，从而做到让“安全”理念成为企

业核心价值观中最能体现总裁战略的内涵。

三、总裁应该能够将核心价值观进行不同维度的分解

不同的企业价值观有着不同的表达方式，无论微软还是其他著名企业，如果抛开他们在文字表述上的不同点，研究其内涵可以发现利用不同维度来解释这些价值观的可能。

优秀的战略价值观包括六大维度：客户、员工；品质、诚信；市场、社会。

在这三组因素中，第一组是总裁率领企业坚持核心价值观以凸显价值的重要起点和主要归宿；第二组中，品质是为客户进行服务所必须强调的要求，诚信是对企业行为提出的要求；第三组中，市场是企业赖以生存和发展并实现自我价值的大环境，社会责任的履行，是客户和员工生存的环境。可见，将核心价值观在这样的六个维度上进行有效解构，才能让价值观显得更加立体和丰富，更能得到充分实现。

总裁在看待以上的六大要素时，应该始终谨记下面的三大要则。

1. 尊重企业战略的规律

总裁应该明白，无论是市场规律还是社会规律，没有规律的支持，战略就无法得到真正实现，甚至连企业现有的经营都难以为继。因此，企业的发展运作，都应该尊重规律——包括具体操作的规律、价格变化的规律、情感发展的规律、品牌塑造的规律、客户评价和服务的规律等等。如果总裁无视诸如此类的规律，不懂得在规律面前适当放低自我，就只会导致将自己过度拔高，而无法顺应环境的要求并进一步求得应有发展。

2. 看重客户的价值

客户不仅是企业的衣食父母，也是企业发展的动力。从长远看，客户

的选择会直接或者间接的影响行业的变化、市场的取向等等。因此，在制定企业的核心价值，并进一步形成企业的战略发展基础观点时，总裁不应该忽视对客户的看重，更不能无视客户的价值，这不仅牵涉到总裁是否具有真正眼光的问题，也将影响到企业整体的出发点和立脚点。对客户的看重，意味着总裁能在实际操作和价值理念上都看重客户体现出的能量，同时，在实际管理和经营方式上，能进行积极思考，从而充分理解、尊重和认同客户在心理和行为层面上表现出来的不同特征。

3. 看到员工的价值

如果简单地将员工看做企业的劳动力成本，或者只以人才是财富的眼光来看待员工，那么，对于总裁在战略层面上的规划来说，并没有形成足够的推动力。实际上，员工本身也应该是核心价值观所关注的对象，也是这种价值观的来源和组成。尊重员工，意味着总裁可以充分认识到，员工是独立的社会人，企业只是员工个人职业生涯的发展平台。因此，在形成核心价值观并进而开展战略规划时，总裁应该让企业和员工之间建立起充分的平等交换关系，这样，核心价值观才能更加富有内涵，得到更多支持，并具备更多的推广动力。

共同的梦想让你和企业走得更远

总裁应该意识到这样的严酷现实：和你关系最好的公司员工、同事，虽然能支持你的事业或者更快地理解你的战略意图，但是，他们不一定就是能够同你共同走完战略执行过程的人。这是因为他们可能与你有许多共同点，但却没有你的梦想。

在企业的经营过程中，总裁们总是习惯于将那些愿意听话、业务能力好的人，看做自己天然的伙伴，认定他们能和自己坚定地执行战略意图。这么想是因为总裁们还没有建立起真正成熟的战略思维，在这样的思维下，总裁应该清醒地意识到，只有用梦想是否相同才能衡量出究竟谁是战略意图的真实追随者。如果对方没有对企业愿景的认同，那么，眼下的利益关系或者语言行动，都是欠缺说服力的。从战略的角度和层次来认定的话，只有认同你对公司进行的愿景规划的人，才有可能始终追随你。

这样，总裁应该着力去发现那些人，用正确的愿景规划，来吸引自己想要的员工。因为一个好的梦想，往往带给对方的是更多希望，而并非短期的利益，希望是无价的，是更高层次的，而利益最后总会让对方难以满足并且滋生更多的利益冲动。

看一下世界著名企业的总裁为企业作出的规划——

波音公司的愿景规划是：携手合作，树立全球伟业，成为航空航天领袖！

惠普公司的愿景规划是：成为一家用核心理念来光耀全球的恒久企业！

三星电子的愿景规划是：领导数字融合潮流。

默克制药的愿景规划是：通过敬业和有才能的员工加以创新，在核心业务领域做到最好。

杜邦公司的愿景规划是：让企业成为集现代生物学、传统化学、物理学、工程学相结合的综合性科学公司。

飞利浦公司的愿景规划是：致力于在医疗保健、时尚生活和核心技术领域，提供出领先的解决方案，并成为本行业最受尊敬的公司。

通用电气公司的愿景规划是：从事的每个行业中，企业都将成为第一名或第二名，通过革命性的变革，通用电气将具备大公司的强势同时具有小公司的灵活性。

摩托罗拉的愿景规划是：为了从工作到生活的所有通信领域，提供全方位的解决方案。

万科房地产的愿景规划是：成为中国房地产行业的领跑者。

华为的愿景规划是：成为世界一流的设备供应商。

花旗银行的愿景规划是：成为并永远做世界最强大、服务最好、地域范围最广的金融服务机构。

英特尔的愿景规划是：成为世界网络经济的杰出硬件供应者。

诺基亚的愿景规划是：做全球移动通信领导者。

贝尔维尤医院的愿景规划是：作为实现社区居民最高的终生健康水平，提供必要资源的领先者。

东芝的愿景规划是：以人为本，力争成为能创造丰富价值并为人类生活文化作出贡献的企业集团。

联想的愿景规划是：未来的联想应该是高科技的联想、服务的联想、国际化的联想。

当然，还有很多同样成功的企业，由于总裁设计的愿景规划相当得力，能够代表整个企业的梦想，成功地吸引了那些能够和总裁战略规划同步提升的下属，并得到他们的全力支持。

企业的愿景规划主要包括两个方面：

1. 表明企业打算在哪些行业发展的意图和想法，这是总裁基于行业规律进行的洞察和判断。这能够让你的员工很快了解和明白行业规律的存在，意识到总裁的梦想是基于现实而存在的。

2. 希望企业能够在行业中发展到怎样的位置，这是总裁基于行业发展而进行的展望和前瞻。这能让企业的员工明确企业未来发展的高度，了解自己正在为什么样的美好未来而进行不断努力。

通过以上两个方面的归纳，总裁们应该可以看出，愿景规划实际是一种“造梦”，但这种造梦并非脱离实际，而是对企业发展的野心同对现实行业规律进行结合后进行的理性判断的综合体现。在良好完整的“造梦”过程中，总裁应该不断地激发员工的活力，推动整个企业不断向前发展，而并不是只依靠利润或语言单纯的刺激员工，总裁应该和员工共同制定愿景规划，从而反映出他们对于未来的自我憧憬。相反，总裁如果在愿景规划中丢失了目标，那么，整个企业的运行目的和经营手段就会难以分辨，最终，总裁将会因为无法和员工对愿景目标的有效分享，而错失凝聚员工精神的有效手段。

明白了愿景规划的意义，总裁应该很好地学会如何去规划愿景。由于愿景规划的定义和特点决定了其应该是总裁对企业发展野心和现实理性判断的结合，因此，在确定企业的愿景规划时，需要不断激发野心，同时作出理性判断。

一、激发企业成员的野心

总裁在激发野心时，既应该看重企业领导层的野心，同时也应该看重员工的野心。总裁可以通过列举四个问题，让企业领导层明确他们的梦想，这四个问题分别如下——

1. **野心基础**：我们究竟应该相信怎样的价值观？

2. **野心蓝图**：我将来工作的企业应该是什么样的？

3. 野心定位：怎样的梦想才能激励我和我的下属？

4. 野心范例：在世界知名的企业中，哪个企业是我学习的榜样？

在激发员工的野心过程中，总裁可以让全体或者部分公司员工进行有效的讨论，从而得出愿景，这样，愿景将是他们共同的追求。如总裁可以告诉员工，你希望公司的未来是如何的？可以大胆想象，即使看起来有点不切实际，只有敢想，才能敢做。在员工讨论的过程中，可以让他们明确地写下一个自己设定的公司愿景目标，然后，总裁可以向他们提出类似于上面的四个问题，接着，他们应该作出自我假设以便于向行业内最强大的企业看齐，同时，在进行梦想设定时，总裁应该告诉他们，不要太在乎发展逻辑和规律，只是单纯地设计“梦想”。

二、总裁对企业现状作出判断

在愿景规划过程中，总裁不仅应该对行业的发展作出理性的判断，同时，也要对企业的发展状况作出判断。这是因为企业愿景目标的制定，应该结合企业和行业本身各自的历史发展轨迹。可以从产业链发展分析入手，清楚地展现企业在整个产业链中所处的阶段和位置，总裁要以客户的价值为出发点，改变对上下游企业的看法，为企业在产业链中成为整合者、推动者、引导者的梦想目标奠定基础。而在企业发展位置的角度上，总裁则应该根据中外企业发展的历史观点进行总结观察，判断企业究竟处于怎样的阶段，如企业内部专业化分工阶段、企业之间的专业化分工阶段、企业在产业链整体方向的协作阶段等等。

三、正确地描述愿景规划

当激发野心和作出判断之后，总裁应该准确地描述出企业的愿景要点和效果，并采取正确的表现形式加以描述。

企业的愿景规划包括：第一，明确企业愿景实现后，整个企业将会是什么样的；第二，行业因此会受到怎样的影响，社会和用户将从中获取什么样的收益；第三，企业愿景实现后，企业将以怎样的状态、程序、特点提供应有的经济和社会功能。

在描述上述内容时，总裁应该注意用富有感情的、生动清晰的语言来描述，尽量不要使用逻辑化和分析化的语言，因为那样的语言看起来缺乏应有的号召力，也难以起到描述梦想的情感效果。同时，对愿景的传递，应该集中在一两句话加以表现，不应冗长，例如：企业应该在 ×× 方面成为 ××，这样的句子就是很好的表现方式。

相同的目标让你和企业走到最后

企业需要相同的战略目标，因为战略目标能够站在宏观的角度，明确员工和领导的愿景规划和核心价值观是如何转变为现实的。做企业并不是盲目地追求业绩，作为企业的总裁，首先要明确自己需要怎样的业绩。现实中，在设定目标的问题上，总裁们经常会出现共同的错误——他们将不同的业绩目标认为是成功的，因而混淆和忽略了最重要的目标。实际上，企业的战略目标应该设定在客户价值之上，这样才能取得持续的业绩。正因为如此，总裁才需要建立真正的战略思维，并将这种思维同愿景规划和核心价值观进行结合，企业才能获得建立在客户价值之上的成功，从而实现战略性的成功。

战略目标是实现企业愿景目标的起点，缺乏战略目标，愿景规划就无法实现。

下面是TCL的总裁为企业设定的战略目标。

TCL的战略目标是“龙虎计划”，包括：在2005年，实现企业收入700亿元；2010年，实现收入1500亿元，从而形成具有世界范围竞争力的大型企业集团。具体来说，其中的龙计划是，在未来三到五年内，通过自身努力，能够使得原本就在国内保持先进地位的业务——多媒体和移动通信业务——成为行业中的两条龙，并顺利进入全球产业的前五名。其中的虎计划是，在未来三到五年内，通过自身努力，使得企业的家用电器、信息和电子工业产品，成为行业中的三只虎，取得国内同行业的领军地位。

对战略目标的分解，可以先制定企业三到五年的发展目标，其维度包括以下方面：

企业能力——即企业如何通过利润获取、投资收益率的发展、每股平均收益率、销售利润等等来得到足够的盈利。

市场占有——通过市场占有率、销售份额或者销售量加以表示，形成对市场目标的描述。

生产率水准——通过投入产出比率或产品投入的相关成本加以表示。

产品质量——用产品线水准、产品销售额和获取利润的效率、对新产品技术提升的周期加以表示。

资金水平——用资本的构成、增加的股份、现金水准、资本的流动效率、应收款的回收期加以表示。

生产——用工作面积、固定费用或生产产量加以表示。

研究和开发——可以用投入研究过程中的货币量和完成技术目标的比率加以表示。

组织——用战略目标中可以完成的变革或能够实现的项目加以表示。

人力资源——通过企业中员工的出勤率、流动率、招聘数目或即将实施完成的培训计划加以表示。

在战略目标中，财务目标是重要的组成部分，财务目标能够实现对现实收益的量化表示。战略目标的制定，是为了实现企业的现实利益，现实利益可以以数字的形式，直接体现在财务的指标上；战略目标作为总裁对公司作出的愿景规划上的里程碑，应该具体而实际，可以定量，因此需要财务指标加以量化。总裁对财务目标的确定，向员工展示三到五年内，员工将会有怎样的现实收益。这样能够更好地激励他们的付出和努力。

除了要突出财务目标之外，战略目标还应该有其具体的主题，即是如何聚焦在业务的具体方向的。战略目标可以回答未来业务的问题，为企业指明业务变化的方向。而业务方向的选择，应该围绕财务目标进行，要选择那些能够高效达到财务目标的业务，放弃其他关联性不大的业务。

在注意了上述问题之后，总裁将能明智而科学地确定企业的战略目标，具体方法如下：

一、制定企业的财务目标

对于总裁，财务目标是其首要的注意方向，它是保证达到企业生存发展利益的基础参考标准。因此，对战略目标的聚焦，应该围绕财务目标加以选择。

总裁制定财务目标，应该有两大领域：首先要对行业发展规律进行预先判断，其次要对企业现有资源有所了解，并由此确定现实利益的底线。这两个标准，是总裁和企业管理层制定企业战略目标的重要因素。

1. 在第一个领域中

财务目标应该体现出总裁的判断，充分反映出他们的个人理想和现实选择。为此，总裁应该高瞻远瞩，果断设定和提出财务目标。同时，总裁应该对企业和行业的现实发展，进行充分的洞察和理性的判断，并由此来设定财务目标，从而对企业的存亡和团队的兴衰负责。

2. 在第二个领域中

总裁将通过对现实占有的资源、市场实际竞争状况的变化，来决定企业是否能实现应有的增长速度。在总裁的理性思维分析中，他们将能够通过事实和数据的结合，对企业状况、现实趋势、竞争状态进行综合分析，形成财务目标。

二、想方设法，突出战略目标的主题

总裁对战略目标的主题，应该想方设法加以聚焦和突出。这样的原则将能够保证总裁可以列举出财务目标的有关业务方向。此后进一步根据企业的现状，加以具体地选择，同时，能够有效而果断地放弃其他并不相关的业务。

在突出战略主题的过程中，总裁必须紧紧抓住财务目标这个中心点，但财务目标不应成为一种限制和束缚，而应该能够起到有效的推进作用，从而帮助总裁作出合理的选择。因此，总裁对财务目标应该具有更加成熟的分析经验，能够为之行动而又不会被过分限制。

三、准确描述出战略目标

对战略目标的准确描述，不仅能让企业上下人员都清醒地认识和了解战略目标，并因之而受益——带来充分的工作积极性、获取准确的岗位目标责任、具有更好的沟通协调语言，同时，还能让总裁更为容易地进行自我反思，总结和检查战略目标的完成情况，并进行及时调整。

在对战略目标的描述过程中，总裁应该选择清晰有力的语言，描述出企业和员工需要做什么、并如何加以实现，从而帮助他们加以明确。例如，采取下面的形式能够得到很好的效果：××企业在×年（×月×日）成为行业内（或国内、国际……）的……，其中，营业额（利润、市场份额……）能达到……

总裁不妨学习下面这个具体的企业战略目标示例。

市场占有情况：4年内，冰箱销售量能够增加到每年100万台。

产品：2年后，淘汰利润率最低的产品系列。

生产：5年内，企业的生产能力能够提高25%左右。

生产率：4年内，每条流水线的日产品量能提高10%。

资金：3年内，流动资金增加到1200万元。

技术：3年内，能够研发出新型节能冰箱。

利润：5年内，投资回报率能够增加20%左右。

组织结构：3年内，完成对企业内部组织机构的分权制改革。

人力资源：对所有员工进行轮岗培训，同时在4年内，每个员工可以获得5000元左右的培训资金。

第四章　战略智慧2：如何才能推进业务发展？

层层递进，整合业务链

总裁应该从持续发展的角度来看待整个企业，其关心的重点不仅是目前企业能够获得多少利润，还应该将整个企业的利润放在未来战略目标的背景下进行思考，这样才能更加有意义。实际上，整合企业业务链是为了明确企业现在和将来从什么业务中获得利润，而并非只关注短期利益。

但问题是，一些企业总裁无法做到这样层层递进的方式去对业务进行定义和整合。实际上，他们并不明白业务链的本质。对于企业来说，总裁应该通过自己的工作，让业务链获得持续，从而拥有一定的紧迫感、危机感，可以加快总裁这方面的工作动力和深度。比如，总裁有必要作出下面的假定：假设现在企业的繁荣不能维持长久、假定目前企业的强大支撑有可能很快消失，只有这样，他们才能获得真正的业务链思维，明确企业如何在目前和以后获得不断的利润。

当然，有了业务链在战略层面的整合，还应该有相应的企业文化加以有效支撑。对于大多数总裁来说，他们并非在业务整合的过程中失败，而是在缺乏为业务整合提供相应的企业文化的问题中失败了。正因为缺少这样的文化背景，在企业内部，不同的业务之间很难产生具体的融合，其相关人员难以得到相互理解和尊重，这样，链条就无法形成。

正因为上述的问题存在，因此，懂得战略重要的总裁，不仅要学会整合业务链条中的不同业务层次，同时还要学会充分创新，从而让下属在其战略性创新的文化中，获得有效整合，并成为统一的开拓力量。

从业务链出发，让我们分享一下世界上不同的优秀企业的经验，其中，生存了将近一个世纪的摩托罗拉，生存了将近两个世纪的宝洁，生存了两个世纪以上的杜邦，之所以能够拥有如此之长的企业寿命，同他们的“三层业务链”完美整合有着不可分割的关系。这样的完美整合，不仅是其历史中某一位总裁的贡献，而且是一代代总裁所传承的战略理念，并得到坚定不移的实践。其实，这样的优秀公司在成长过程中，无一不是其总裁在主动适应着时代的变化而进行未雨绸缪，从而有效整合业务链战略，并得到了良好的结果。正是在整合业务链时总裁们对战略性的不断考虑，才让他们获得了基业长青持续发展的秘诀。具体来看，总裁起码在两个基本问题上有重要的考虑：首先是规划上的考虑，即当下、即将和未来的利润分别从哪里来；其次是执行上，如何整合企业核心业务、扩展业务和潜力业务的人才队伍。

下面看一看这些企业的业务链发展历史：

20世纪五六十年代之前，汽车收音机业务是摩托罗拉的创业初始业务。此后，随着时代发展，对讲机、晶体管收音机、寻呼机到电视机，又成为摩托罗拉收入现金流的主力来源。但是，随着技术的上升，20世纪七八十年代，这些曾经的核心业务开始逐渐慢慢衰落，摩托罗拉必须找到新的核心业务。由于该企业早有准备，于是，其原来的扩展业务开始顶了上来，如微处理器、蜂窝电话等业务，逐渐成为新的收入没落，并成为核心业务。此后，到了20世纪90年代，原本曾经风光的电视业务、寻呼机业务开始没落，而摩托罗拉又利用无线通信、卫星网络和调制解调卡等业务，开始拓展新的核心业务，并为企业提供新的收入来源。

摩托罗拉的案例说明，任何看似暴利赚钱的核心业务，迟早会因为时代发展、市场变化、消费者成熟、科学技术进步或者单纯时尚兴趣点的转移，而成为过去。因此，企业总裁无论在什么时候都应该问自己这样的问题：当现有的核心业务出现问题时，企业将拿什么样的业务顶上来？也就是说，将不同的业务，按照其可以备用的顺序，发展成为一个链条。

同摩托罗拉一样，宝洁公司也通过对三层业务链的有效构建，持续兴盛了长达近两个世纪的时间。

在20世纪50年代之前，宝洁公司凭借象牙贸易以及旗下的Crisco、汰渍和佳洁士等品牌，获得了利润。到20世纪六七十年代，宝洁一方面发展着以前的核心业务，另一方面则开辟新的扩展业务，如帮宝适品牌、速溶咖啡产品、碧浪护理产品、品客食品、Bounce等等。此后的十几年中，曾经的潜力业务如护舒宝、医药产品、个人化妆产品、香料产品、水处理产品等等，又逐渐变成了增长和核心业务。这种业务链条，保证了宝洁公司的持续发展。

同摩托罗拉面对的数字产品领域不同，在很多情况下，宝洁公司是在自身核心业务较为良好的情况下，开始着手进行设计，考虑在未来时，利润会从哪里获取，从而积极主动地整合自身的三层业务链，并为整个企业的发展奠定基础。

通过三层业务来安排业务链战略，不仅是前述两家公司，更多企业总裁也不约而同地利用这样的概念，以便在长期的商业竞争中获得长远优势。

例如，福特汽车从20世纪五六十年代开始，推出雷鸟、野马系列产品，但到七八十年代，开始靠写字楼和旅馆的开发，以及阿斯顿马丁汽车公司、马自达销售中心等，带来新的利润。90年代，则依靠对美洲豹、陆虎的收购和对新型燃料汽车的生产从而得到进一步的业务推进。

荷兰飞利浦公司，是欧洲名列前茅的电子公司之一。在20世纪40年代之前，该企业将白炽灯、X光机器、收音机和电视机业务作为核心业务。战后，当这些传统核心业务开始趋于稳定，新的业务如剃须刀、收音机等业务开始增长。到七八十年代时，节能灯、唱片和CD业务，又开始为飞利浦提供新的利润。

惠普公司的持续发展，也离不开这样的三层业务——核心业务、扩展业务和潜力业务的不断轮替。在20世纪50年代，科学器材、计数仪器是惠普公司的主要收入来源；20世纪六七十年代，电脑、个人电脑和手提电脑，开始取代上述业务，成为新的核心业务；20世纪八九十年代，桌面主机、打印机、家用PC等成为更加重要的核心业务。

也有企业因为没有核心业务、扩展业务和潜力业务的链条，从而导致企业失败的。

1995年，爱多大举进军中国的VCD市场，在两三年内，其企业的销售业绩达到顶峰，最高时期收入高达16亿元，这在当时的中国私营企业界，算是一个奇迹。然而，好景不长，到1998年，爱多却突然遭遇失败。

客观分析，爱多失败的原因固然很多，但是，当爱多依靠当时的主要业务而获取了大量利润时，其总裁并没有进行明确的战略部署，没有为企业构建合适的业务链条——他并没有指导企业对未来进行充分投资，同时也没有吸收能够带来扩展业务和潜力业务的人才。因此，当原本就是过渡产业的VCD开始遭遇危机时，爱多立刻瓦解。

爱多的反面案例说明，企业如果只看重目前的收入，以为现在的核心业务就能意味一切，那么，他们将很容易因为业务链条断裂而陷入危机。

在总裁引导企业持续发展的过程中，应该意识到不同层次的业务肩负着不同的使命特点。

一、核心业务意味着生存

所谓核心业务，是目前企业的主要收入来源。核心业务虽然会有一些增长潜力，但很可能会因为各种原因而耗尽其潜力并开始衰落。因此，核心业务保证的是企业现有的生存，即维持企业发展的基础底线。

总裁应该明白，管理好核心业务，意味着对企业目前的现金流业务要管理得更为扎实，这样，才能够让核心业务发挥更大作用，获得更多收入，从而继续有余力去投资新业务。而忽视了核心业务的打造，将会让企业因为缺少足够现金流的支撑而出现问题。

二、业务链条带来持续兴旺

企业需要总裁带来的持续兴旺，因此，总裁不应只满足于目前的生存，还应该积极进行业务链整合，为企业预先设置下新的赚钱模式，从而保证企业的繁荣昌盛。这需要总裁能够注意对扩展业务、潜力业务的关注和投资。积极观察和体会市场的趋势，把握消费者和客户的需求变化，并加以提前布局和整合，这样，企业最终会抓住机会，跟上市场脚步，获得充分的增长。

三、对业务链加以战略性整合

总裁应该看到，整个业务链是一体化的传承，业务链本身就应当有一定的科学根据，并体现出整体性的设计价值。在此基础上进一步进行战略性地整合，将能够让业务链发挥更多有效作用，最终帮助企业走上继承和发展的道路，避免爱多那样的悲剧上演。

核心业务、扩展业务、潜力业务均衡发展

在业务链条中，无论是核心业务，还是扩展业务和潜力业务，都需要总裁能够加以清醒地认识，从而进行真正正确而全面的战略规划。

在核心业务方面，如果总裁选错了业务的增长点，就会面临来自两方面的威胁：一方面，企业用于维系核心业务并从中获取利益的资源被浪费了；另一方面，总裁会忽视可以为企业带来良好利润的核心业务，并使核心业务无法受到整个企业的关注。事实上，核心业务应该是目前阶段为整个企业提供主要收入的业务，它理所应当地处于企业目前的核心位置，在提及这些业务时，无论是客户，还是合作者，都能够轻而易举地将之同企业甚至总裁本人的名字相联系。例如，从某些时期直到目前，提到火锅餐饮产品，必然会想到海底捞和张勇，提到英语培训，必然会想到新东方和俞敏洪，提到电商，必然想到阿里巴巴、淘宝和马云……

当然，核心业务之所以能够成为应当被最先考虑的首层业务，是因为总裁必须能够准确回答出目前企业将从哪里能获得有效利润，同时，这也是因为核心业务可以为整个企业带来目前的大部分能量，从而为支持更高层面的业务提供有效基础。

从宝洁的发展过程中，我们能够看到明智务实的企业是如何保证核心业务稳固的：

宝洁这个名字，实际上来源于一枚小小的香皂。可以说，是家家户户都使用的产品，创造了整个宝洁公司，并让他们为之而专注上百年，同时为此后的多元化业务发展奠定了充分的基础。

1837年4月12日，英格兰移民后裔威廉·柏克特和爱尔兰移民詹姆斯·甘波，各自投资了3000多美元，创办了位于美国辛辛那提市的宝洁公司。起初，宝洁公司的主要业务就是蜡烛和香皂。到20世纪的20年代时，由于爱迪生发明的电灯泡出现，宝洁公司认识到蜡烛作为一项核心业务已经走到了尽头，于是，停止了这一产品的生产，并开始将主要业务转移到香皂上。此后，宝洁将企业的主要资源投入在香皂市场上，到1926年，宝洁公司开始推出了两个相互之间有竞争关系的品牌，其中有将近30多种香皂产品，这就形成了宝洁品牌系统的最初形态。此后，将近百年的发展历史中，香皂始终是宝洁公司的核心业务，这一产品为该企业提供了充分稳定的现金收入。到目前为止，看似普通的香皂依然是宝洁公司核心产品之一，宝洁依然在这一业务上保持着不断创新。

宝洁公司对核心业务的维护和发展，是一个标准的典范。实际上，需要澄清的是，并非所有的核心业务都一定会退出历史的舞台，大多数世界超级企业的发展历程，实际上是在不断对其原有的核心业务加以维护、调整或转变形态，或者加以创新。但实际上都不可能会完全放弃核心业务。

当然，企业目前收入的稳定依靠核心业务，但业务的增长则并非一定来源于此。更重要的是，总裁必须保持充分的警惕，因为消费者是充满变数的、市场也会随时有风险，想要在收入枯竭之后，依然能够保证企业的强大，就要积极扩展业务，这样才能保证在未来的二三年内为企业提供新的现金收入流。

在扩展业务方面，著名的迪士尼集团作出了优良的示范表现。

20世纪80年代中期，迪士尼集团对其下各个企业进行了全面整顿，通过这样的整顿，企业减少了对原有业务——主题游乐公园的依赖，而发现了新的现金流，从而减轻债务，资助新的业务项目。迪士尼主要在以下三个领域上马了新的业务项目。

首先是主题公园的业务拓展，如将现有的游乐园门票价格提高，并随之推出新类型的游玩项目和景点。同时，公司还在美国本土和海外陆续建设开放了新的主题游乐园。其次是电影方面，在迪士尼这一传统的核心业务上，该集团开启了新的业务模式，例如，以新的录像带形式重新发行那些令人印象深刻的经典电影、寻找新的投资方拍摄新电影、或根据原有经典的动画形象开发延伸消费品，或者开发出新的娱乐产品，将曾经的动画片改编成为音乐剧，并在著名的百老汇上演等等。另一个层面上指零售消费品层面，迪士尼也充满创造性地开发了新的销售理念，其中迪士尼连锁店可谓是该企业的崭新的业务。在这种业务开始的前十年中，迪士尼一共开设了636个销售网点，这一方面的销售份额，已经在1996年占到企业总销售额的7%。同时，迪士尼互联网公司、迪士尼在线公司等等，也都开始成为企业的扩展业务。

实际上，扩展业务的目的，正是像迪士尼公司这样，解答关于将来的钱如何获得的问题，也就是解决总裁应有的危机感，并同时增长业务的培育和进一步壮大，为企业的进一步发展提供出坚实可靠的基础。

当然，所谓的扩展业务，并非是依靠总裁或者领导层向壁虚构而出，它们无疑是从众多潜力业务中挑选出来的。为了获得最好的扩展业务，企业必须要提前准备足够的潜力业务，从而拥有足够的挑选范围。对已经开始进行试验的潜力业务，应该进行有效地跟踪、投入、研究、开发和培养。只有这样，潜力业务才有机会获得充分的增长。

从具体形式上来说，潜力业务可以是正在研究的课题、市场中的视点、企业的联合合作项目、少量实验性投资等等，这些业务项目有可能短期没有利润，但它们恰恰是扩展业务的来源。因此，对于潜力业务来说，它们应该被总裁所重视，为准备好未来的挑选而打好基础，对其中有希望的都要做到精心关注培育，同时加以重点选择实验，只有这样，潜力业务才能从起步点就得到良好对待，进而促进企业的长期发展。

例如，世界闻名的男用剃须刀产品供应商吉列公司，在全世界一直占据了将近60%以上的份额。其实吉列早就开始布局，寻找新的利润增长来源，并因此而准备了以下方向的潜力业务领域。其中包括：男子个人护理用品，包括剃须膏、除味剂、须后水等等；个人保养产品；牙科医疗用品；女性化妆品；小型家电产品；文具产品等等。

当然，吉列不可能在以上领域全都取得成功，但这些潜在业务中表现出较好潜质，体现出较高先进获取能力的项目，则能够进入扩展业务，并有可能在未来的两到三年内成长为核心业务，为企业带来新的利润增长点。

潜在业务的转化方向是提前设定的，总裁应该基于现有的企业业务能力和资源水平，考虑新客户和新产品，从而制定出潜在业务的应有方向，找准他们可以进行充分发展的领域。

当然，对于总裁来说，仅仅了解三层业务之间的每个业务特点并不能足以推动业务链的成长，抓住不同业务阶段之间的链接，对于总裁来说，显得更加重要。下面的步骤，将便于总裁更为系统和连续地将整条业务链联系起来。

一、选定潜力业务

为了能够开始业务链条的增长，不同的企业要围绕企业的增长，进行有效的潜力业务选择。对任何一个总裁来说，仅仅凭借设想是不够的，一个良好的设想，如果不能转换为其应有的地位即潜力项目，最终也将停留在其设想上，对于总裁自己和企业，都无疑是相当的浪费。

因此，总裁应该学会从不同的项目中开发出属于企业未来的潜力项目，例如，某个研发项目、某个初步的设计规划、某一次市场上的试验营销、某一次小型的收购抑或是对可能项目的少量投资，也可以是在某个国家或者地区新设立的分公司或干脆只是来源于一支强大的销售骨干队伍。在这些领域中，总裁将能够发现企业的需要，并从上述活动中，寻求到重要而有益的潜力业务雏形。

值得一提的是，对所有潜力业务的发现和执行，都需要总裁展示出必要的创新文化，而不能显得保守、僵化和落后。

二、积极进行测试，推进潜力业务向扩展业务的转移

在潜力业务开始向扩展业务转移之前，总裁必须要对这些业务进行分别的测试，其主要目的是为了针对市场的需要，积极辨别业务的可行性。这样，将能够明确企业在执行这些业务时所必须需要的人才、能力和资源，同时，了解如何开发这些项目，评估业务经过转换之后，能够带来多大的商业利润。

当这个阶段结束之后，总裁应该了解怎样按照具体的方向开展业务的转化。总裁应该了解，抓住这样的机遇，将能够把企业的新业务推向市场，

同时挖掘出应有的潜力。

三、明确对资源的需求

无论是潜力业务，还是扩展业务，抑或是两者之间的转换过程，都需要总裁能够明确这些项目对资源的需求，同时了解资源的分类、运用和总结。其中，最值得看重的资源则是时间，总裁必须对此有明确的了解和重视。例如，在一项业务从潜力业务提升到核心业务的过程中，通常都需要两到五年的时间，在这种时间允许、资源配置到位的情况下，业务才能够真正起步。而在此过程中，总裁应该继续不断投入更多的资金和人力资源，并最终修改和启动企业的业务模型，并加速扩张。

随机应变，不同业务不同战略规划

总裁对企业的持续发展是最为关注的，但是，这并不意味着总裁靠自己的一己之力就能够让业务链进入一个平衡的管理状态，如果三层业务之间缺乏平衡的管理状态，无论是企业的人员还是资源都无法得到良好地安排，而持续的发展就无从谈到实现。

对于企业来说，不同的业务，需要不同的人，这不仅因为员工之间的差距不同，更在于他们的不同点很可能体现在不同的业务上，并予以充分的反馈和体现。

例如，核心业务上，因为其已经具备了稳定的运营模式，在市场和技术等方面的因素，已经没有太大的变化，因此需要具备多年业务运作经验及能够稳健管理的人才，利用他们的稳健，从而适应核心业务的需要；

扩展业务，本身是在探索的新生事物，具有良好的高成长性，同时具备取代核心业务的潜力，并最终会成为核心业务。因此，在这个层面的管理和操作人才，应该具备创业型特点，能够带领员工将业务从不断的成长推向逐渐的稳定，并逐渐为公司提供稳定而持续的经济回报。

潜力业务，由于本身正在尝试中，是企业未来业务的储备。因此，潜力业务所需要的人才，应该是具有开拓精神并拥有敏锐商业观察力和感知力，他们应该拥有坚韧的意志，从而能够迅速推进潜力业务的增长。

曾经有家企业，拥有良好的人才储备。然而，这家企业的问题在于总裁并不是在本行业中成长起来的管理人才，也没有真正观察和了解企业内不同人才的区别。由于总裁缺乏必要的战略人才观，虽然不同的人员按照其现有的工作能力和工作年限，安排到不同业务层面的岗位上去了，却缺乏对他们之间工作理念、工作愿景和个人发展目标差异性的考察。在这样的人力资源管理政策影响下，该企业虽然设置了三个层面的业务，但遗憾的是，三个层面的业务发展都不尽如人意。

类似上述企业的总裁所出现的错误并非少见，从而总裁思考范围和工作理念的影响，导致企业内部人力队伍的组成和分布缺少合理性，从而导致了业务发展的效率降低，影响了整体战略的发展。归根结底，这还是在于企业总裁没有及时清醒地看到，对不同层面的业务，应该进行不同层面的规划和不同特点的设计。

例如，对核心业务层面的人才管理，应该以短期的工作业绩表现，作为评价标准，重点评价员工对企业核心业务利润率的贡献，同时，强调以实际指导和监督为主进行的管理方式；对扩展业务层面的人才管理，应适当强调其自我管理和约束的方式，这样才能给予他们创新的机会；对于潜力业务的人才管理来说，则应该为他们提供相对独立的工作空间，并容许他们失败，从而提倡一种相应的创新文化。

既然总裁应该采取不同的战略规划来看待不同的业务层面，那么，他们不仅应该学会用不同的方法来管理和引导其中的人才队伍，同时还要学会用不同的视角来看待和评价不同的业务。具体的着眼点和方法如下：

1. 对于核心业务，应该用现金收入来评价

核心业务的责任，本身就应该是提供企业目前发展所急需的现金。因此，在对核心业务进行业绩考核的时候，总裁应当将考核目标集中在现金层面上。在这样的层面上，总裁应该更多关注该业务是如何带动整个企业，于整个行业中保持其竞争地位，同时挖掘现有产品的潜力的，通过必要的创新，从而延长整个核心业务的生命周期，进而帮助企业获得销售额和利润的提高。

2. 对于扩展业务，应该用成长来看待

扩展业务本身是一种正在崛起的业务，这样的业务应该具有良好的增长性，从而表现出成为核心业务的潜力。因此，总裁在看待这些业务时，应该能够对其成长速度、成长表现和成长重点加以分析判断，最终清楚扩展业务是否得到了良好的对待和重视。

3. 对于潜力业务，应该观察其长远

总裁对于那些长远效果的潜力业务，应该积极加以跟踪和投入，并组织企业内部的力量加以开发和培育。虽然这些潜力业务一开始表现得比较平淡，但实际上其总体数量可能会超过既有业务的数量。因此，企业总裁完全可以在这个层面上，进行充分地挑选和淘汰、挖掘和轮换。总裁应该明白，在这个层面进行试验和持续开发，其目的正是为了能够保证企业的有效和长期发展。

总体来说，在核心业务上，总裁应该通过量化经营指标的方法，去考察核心业务的经营是否稳定，其中的衡量标准是利润、质量和周期的因素；在扩展业务上，总裁应该强化考察增长和资金的利用效率。其中衡量的标准应该包括销售的增长水平、市场的占有份额和新客户的关注度；在潜力业务上，总裁应该重点观察项目成功概率的可能，并考虑投入和回报的比值，而项目阶段性目标和业务实际运行结果也应该由总裁进行充分的对比和分析。

那么，总裁在对不同业务层面进行不同战略规划时，应该注意利用哪些步骤呢？

一、应该对现有业务进行评估分析

评估业务，才能做到确定业务的分类，确定企业中哪些业务才是真正的核心业务，哪些业务是扩展性的业务，哪些业务是潜力业务。而业务的评估，主要应该由总裁从市场评价力量和企业竞争力量两个方面加以考虑。总裁应该根据设立的具体指标，对不同指标赋予不同的权重，最终建立评价的坐标系，从而顺利划分出业务的具体位置。其中，市场的评价力量包括市场规模、行业变化的速度和行业内部的竞争态势；企业的竞争力量包括毛利率、销售额、利润额度和客户满意度。

二、合理分析市场的评价力量

总裁应该清楚，市场总是在不断评价产品、服务和这些企业的，用来评价的因素主要体现在：规模上，体现了这个行业总共可以提供多少利润；

速度上，即动态看这个行业将如何赚到未来的利润，具备怎样的变化趋势；竞争局面上，即企业之间相互存在怎样的竞争关系，各自占有多少市场，因为这决定了企业在行业中可以分到多大的“蛋糕”。

三、正确统计企业业务的竞争力

总裁应该学会对企业业务竞争力进行全面的统计。其中包括四个方面：一是毛利率，应该对待评估业务的盈利能力进行正确评估；二是销售额的贡献，通过对这个数字的计算，不同的业务将能够以销售比例的水平得到展现，从而方便总裁对其业务地位进行具体的判别；三是利润额，即通过对不同业务所贡献的利润率的评估，判断它们是否应该被列入核心业务；四是客户的满意度，即判断业务是否能获得不断赚取利润并支持企业的能力。

第五章　战略智慧3：靠什么超越他人，比对手更强大？

因为比较才有竞争优势

总裁必须清楚的事实是：有市场才有利润，同样，有市场的存在，就会有竞争，而竞争的前提，决定了企业之间必然会出现相互比较的关系。无论是消费者对企业之间的比较，还是企业和企业之间进行的自我比较，比较总是在无时无刻地影响着企业之间的竞争关系，从而导致企业之间实力的相互起伏变化，影响到企业竞争能力和利润的变化。

然而，似乎是受到了消费者的影响，总裁对企业之间比较的注意力，越来越多地集中在价格方面。似乎价格已经成为了比较的唯一领域。以中国方兴未艾的电商业为例。

一段时间内，中国电商业开始陷入到价格战的怪圈中。2012年8月14日，京东总裁刘强东首先发出两条微博，掀起了新一轮电商的争霸序幕。此后，由苏宁和国美等多家电商高层为中心形成的“联盟”，不仅在微博中回应了京东总裁，还纷纷表示要加入价格战来进行竞争，此后，当当、易迅这样的电商企业进一步卷入，似乎要形成整个国内的电商行业价格大战。

事情的全过程其实并不算复杂，当天，京东总裁刘强东的两条微博宣称：“京东大家电要在三年内做到零毛利，所有的大家电都要保证比国美和苏宁的连锁店便宜10%以上，同时还会派人员进驻苏宁、国美（以保证价格便宜到位）。”此后，苏宁易购执行副总裁李斌于当天四点作出回应说：“保持价格优势，是我们对消费者最基本的承诺，我重申：苏宁易购包括家电在内的所有产品价格必然低于京东，任何网友发现苏宁易购价格高于京东，我们都会即时调价，并给予已经购买反馈者两倍差价赔付……”

由此，微博大战开始形成，刘强东此后连发6条微博，继续坚持宣称低价战略，并且宣称“无底线便宜，如果苏宁敢卖1元，那京东的价格一定是0元！”

晚上10点，国美的副总裁何青阳也加入价格战，表示国美从来不会回避任何形式的价格战，从8月15日上午九点开始，国美电器网上商城的全线商品价格将比京东商城低5%。

此后，当当总裁李国庆也加入战团。一时间电商价格战轰轰烈烈、风生水起。

姑且不谈论价格战在法律上的风险，也不讨论专家们对此作出的点评，主要看一下消费者们是怎样看待这样的价格战的？

1. 根据第三方提供的数据显示，在参战的六大电商共11.7万件产品中，只有5000多件产品有所下降，总共占比约4.2%。同时，调查显示，可以比价的商品并不多，如海尔空调，京东有20款、苏宁有41款，其中相同的只有2款。创维电视，京东有9款、苏宁有24款，其中相同的也只有5款（5款价格全部一致）。这种现象被有关人士犀利地点评说：“京东和苏宁易购，相同产品很少，消费者根本无法比价”。直接将这样的价格战称呼为“口水战”。甚至认为是一场营销骗局，而并非真正的比较。

2. 价格战导致的后果也并非完全有利于企业。例如，在价格战中，某些中高端的品牌厂家就感觉自身的品牌形象受到了负面冲击，这样的价格战给消费者造成了相当负面的印象，即产品根本不保值，一旦购买就会降价，这样，产品原来的吸引力无疑大打折扣，原有的品牌资产直接流失。

3. 电商之间的价格战并没有起到多少应有的效果，除了短期内提高页面访问流量之外，看不到这几家参战的电商究竟在业绩上有何提升，反而能看到的是国家发改委对他们进行的调查和处罚。从这次事件中可以看出，价格战并非不能打，而是总裁必须意识到，价格的比较并非是企业战略规划中竞争和比较的全部。

寻找历史，我们可以发现，唯有成功的战略，才能推动整个企业的提升。

20 世纪 90 年代，长虹占据国内彩电厂商的头把交椅，面对其身后追兵的赶超趋势，长虹运用了下面这些战略规划手段：

首先，全线降价，29 英寸彩电零售价下降额度最高达到 1800 元；在媒体上进行广告宣传，打“民族工业”情感牌；同时，形成强大的规模、成本和库存方面的优势，例如大量引进外国的彩电生产线、建立全国最大的生产基地，对供应链进行整合，不少器材零件自己生产制造，在生产基地建立库房保持较低的库存等。

在长虹开始降价时，TCL 决定快速跟进，加强比较，例如同样在媒体上刊登内容为“召唤和拥抱”的广告，加以高调宣传；成立深圳 TCL 王牌电子有限公司。

同样是彩电行业中的大型企业，康佳反应则并没有那么明显，例如，在整整一个月后，康佳才宣布采取以下措施：和长虹打价格战，降价 20%，超过长虹降价幅度；承诺显像管保修 5 年；提出康佳宣言。

其实，比较并非只是在上述层面进行。

在渠道商，长虹着重于地方大型分销商合作，例如郑百文、武汉工贸等，通过集中的分销，利用和银行的关系实现迅速回款；设置跨越地域的分公司。这样，产品几乎以平价快速销售，并利用低价将产品跨地域提供给中小渠道销售商，这样的结果一方面能够为长虹带来规模优势，另一方面直接损害了中小彩电同行和中小渠道商的利益。

TCL 建立了草根形态的消费模式。例如，他们在全国大规模地建立自我营销网络，并建立地方销售公司和分公司，大胆地进行放权，对基层组织进行有效建设。这样，他们通过这样的销售结构，实现了消费者进行直接购买，从而减少库存，让资金加速周转。当时，同样是 100 亿资金，长虹每年周转只能做到 2—3 次，而 TCL 最高能到 9 次。此时的康佳，从 1998 年之后开始仿效长虹，同郑百文这样的大户进行合作。

在竞争战略上，长虹在每年年底进行爆发式的销售，因为长虹具有生产量高、库存重组、资金优裕的特点，因此每年都能在年底获得相当丰厚的利润。而 TCL 则采取了用速度冲击规模的营销策略，他们率先推出了银色电视系列，同时价格也占有优势，这样大大冲击了长虹的大量黑壳电视库存。此后，彩电产品出现了不同颜色、不同外形、不同概念、不同细分市场的差异，比较种类越来越多、越来越明显。

最终的竞争结果是，1998 年，TCL 成长为全国第二名的彩电企业，销售总量是长虹的一半。到 2002 年，TCL 获得 221 亿的营业收入，战胜了强大的长虹。

这样的案例，是总裁们应该好好学习的关于如何比较竞争并组织相关战略的经典案例，其价值在于向我们揭示：比较竞争优势是怎样由总裁们营建出来的，而并非是由价格数字体现出来的。例如，在案例中，当长虹获得了成本优势之后，他们发动价格战获得了霸主地位，然而，这样的比较优势来源于外部条件，依赖原有的规模，但规模并非企业的独特和长远属性，更非战略性的资源，而是建立在对设备的大量投入上。因此，长虹所获的强大比较优势，是短期的、资源的，并非战略性的、长远的。这说明，一旦总裁将企业的比较竞争优势只建立在外部的强大上，而并非战略性的比较优势上，那么，企业的生存将注定会面临或长或短的危机。

那么，什么样的比较，才会给企业带来战略性的成功呢？

一、战略性比较是深远的

当长虹只看重表面的繁荣，在大城市同郑百文这样的大渠道销售终端进行结盟的时候，TCL选择的则是精耕细作，他们既然没有所谓的规模优势，因此也就无从力拼价格，谈不上像康佳那样在价格上盲目跟从长虹。因此，TCL选择的是将自身“身段”放低，同二三线小城市的渠道商打交道，并进行企业自我的销售体系建设。这在短时间（几个月）内或许无法看到多少具体效果，但在一定时间内（三年）就体现出了差距。

二、战略性比较是产品的

总裁应该看到，消费者的确很关注价格，但也关注其他因素，无论是款式还是质量，抑或是产品的时尚性，都是消费者喜欢追求的。如果是服务性质的消费就更是如此。正因为如此，TCL的总裁才决定通过加快产品的研发速度、加快更新换代的周期来满足消费者对产品其他因素的关注。通过这样的案例，总裁们应该明确，只用产品价格比较无法带来竞争上的优势，比较应该是全面的、立体的、符合消费者需求的。

三、战略性比较是个性化的

长虹凭借其经营方式曾经做过第一的位置，但康佳模仿长虹却从未做到一，TCL 在当时另辟蹊径，反而成为第一。这样的案例表明，所谓战略性比较，本身应该是创新和个性化的。一种比较竞争优势的获得，如果想要上升到战略性层面取得成功，就不应该亦步亦趋，而是要按照总裁个人对经济趋势、市场、行业、消费者需要、产品技术发展等多方面的了解，并融入整个企业的个性文化，建构独特的模式。总裁只有这样加以引导，企业才可能成为战略性比较过程中充满吸引力的“异军”，成为备受关注的新生力量。

客户是超越他人与对手的起点

如果总裁和企业无法为你的每一位客户提供出个性化的价值，不能对他们的独特需求加以满足，那么，企业最终会无法避免地失去他们，从而导致利润降低。在比较竞争全面开展的今天，以客户为起点的企业发展时代已经到来了。

以客户为比较竞争的出发点，第一步需要总裁能够明智地带领企业，将客户进行有效的细分。如果不将客户细分，让他们成为单独的群体，总裁就无法寻找到能够让企业比其他比较竞争对手更为领先的战略出发点。

所谓客户细分，即将整个市场划分成不同客户群体的过程。其中，每个客户群的需求、利益和爱好是有共性的，但又有着一定的差异，综合考虑这些不同点，企业才能将自己的产品或服务有目标有特点地提供给不同的最佳客户群。通过对客户精准的细分战略，企业可以识别出客户的目标性和非目标性，从而选定其中最有价值的群体。

通过对客户进行差异化的具体定位，企业能够集中资源，为不同的客户提供不同的价值。通过围绕客户细分过程所制定的运营流程，企业又能从产品和服务的质量和满意度上获得收益。具体来说，客户需要什么样的服务，决定了总裁应该带领企业赋予产品和服务怎样的内涵；客户希望支付多少钱，决定了产品和服务具备多少价值；客户希望怎样的接触方式，决定了总裁应该引导企业将产品在什么样的时空状态下带到客户面前。

总之，对客户进行细分，是以客户为出发点进行比较竞争的第一步。从这一步开始，企业就能在总裁的带领下，为客户提供更多的边际价值，从而获得更高的收益。正是这一步，能够让行业获得繁荣，而不是仅仅只有盲目的竞争。

宝洁公司在20世纪80年代进入中国以后，该公司总裁引导企业对客户进行了强大的细分，针对不同消费的需要，该企业细分了客户需要，并产生不同的产品品牌。如能够满足客户发质营养需要的潘婷系列，能够满足客户垂直发梢需要的沙宣系列，能够满足客户柔顺发根需要的飘柔系列，能够满足客户发质去头屑需要的海飞丝系列等等。在这样的品牌细分战略方式下，宝洁迅速占有了中国日化行业的半壁江山。

按照内在价值细分的方式，正在取代早期按照客户外在特征进行细分的方式。因为个性化的产品和服务，不仅可以满足客户对产品功能的需要，也可以满足他们在心理上的需要，这样可以得到更高的客户满意度，并形成品牌号召力。

当然，对客户进行细分，已经不是某一家企业总裁的“法宝”了。更多企业拥有了属于自己的细分体系，并进而建立了强大的企业品牌号召力。耐克公司从细分客户开始，进行比较竞争，也拥有了宝贵的经验。

耐克公司建立于20世纪70年代，短短10年内，通过细分市场，一跃而起，做到全美国最大的鞋业公司，拥有了自己的品牌，打造了运动商品的霸主地位。这同他们对市场的细分有紧密联系。

起初，耐克公司总裁引领其市场研究部门，着力发现从20世纪90年代开始，生活方式的改变和发展、思维方式、生活观的变化，是如何影响消费者需求和利益的。最终，耐克公司的总裁采用了生活态度的不同，对消费者进行有效细分。在他的引导下，公司将所有潜在的消费者，按照他们对于不同的新产品、新技术的理解程度和接受度，进行不同的分组，最终分组包括：创新客户、尝试客户、从众客户、跟随客户及落后客户。

根据这样的分类，耐克公司决定，抓住其中的“尝试客户”进行核心的推销，将自身的比较竞争优势，充分建立在对他们的吸引上。一般来说，这样的消费者通常占据总数的10%左右，大都是某个领域中能够担任消费领军人物的群体，他们经常能够将产品推荐给之后的客户群体。

在对客户进行科学细分的基础上，耐克公司找到了自己正确的比较竞争优势发力点，因此，他们也获得了占有率的充分提高——在20世纪90年代开始，耐克公司花费了更多力气，对客户群体进行了深入的调研，并进行有效分组。这样的工作让耐克公司在市场的占有率迅速增加，1996年，只美国市场销售额就超过了30亿美元。

可见，对客户价值的利用，不仅应该体现在对客户进行细分的过程中，也体现在对客户细分结果的利用上。只有将客户价值看做整个比较竞争的起点，总裁们才会像耐克公司一样认真对待企业对市场的调查结果。实际上，客户细分是否科学，将影响到企业在市场占有率中的排名。

那么，总裁应怎样进行客户细分，从而根据自身的战略意图获得应有的比较竞争优势呢？在这个过程中，总裁应该懂得适当地取舍，并按照企业发展的规律和状态，进行有必要地强化或弱化，从而保证对客户细分的充分利用。

一、应该有效挑选目标客户群

在对客户进行初步分类后，总裁应该带领企业的各部门管理者，从战略层面出发，对各种客户群进行市场需求的量化分析，并进一步细化客户背后的市场价值排序，从而有效确定哪些目标客户群是对公司最有价值的。具体的方法是，根据二八原则，首先，从客户群体中找到提供了20%利润的顶端客户，然后，再从反方向找到提供利润贡献最少的80%客户。之后，进行有效地取舍，最终将目标锁定在最顶点的20%客户身上，同时，去掉最末端的客户。这样，对客户的细分才宣告结束。由此，总裁应该保证整个企业认识到，对客户的细分，意义并不仅仅在于区分客户，而是发现哪些客户提供的价值最高最有效。

二、对目标客户群进行有效的价值定位

进行比较竞争，总裁不仅要清楚地了解自己的同行竞争者具有怎样的优势，也要明白，本身企业能够向客户提供怎样的价值作为竞争优势。因此，现实的问题就放在了总裁面前：你需要知道你瞄准的客户在想什么。进而，根据这些客户的想法和需求，设计和提供不同定位的产品。在这样的过程中，总裁应该提出这样的问题，即：这些客户是谁？他们想要什么样的产

品？他们会将产品同我们的产品联系起来吗？

通过上述方法，对客户的价值定位即能完成，而如果企业能够比竞争对手更加有效地满足这些需求之后，比较竞争优势就开始建立。为此，总裁还需要从以下几个步骤继续工作：首先，将消费者的需求依此或平行罗列；其次，对消费者本身的需要进行价值层面的筛选，这样最大的价值需要将通过调查分析得以显现；最后，去掉其中不必要的环节层次，重点在主要环节上进行比较竞争优势的建立——提供个性化的服务或产品。

三、针对客户，提出公司的战略主张

对客户进行细分之后，总裁应该将公司的战略主张有效传递给目标客户。这是因为，企业的所有行动，实际上都在传递出其价值主张，并给予客户以不同的感受，其中包括企业形象和内部管理的不同方面。当客户感受到以上传递后，他们会很容易地感觉和认识到企业之间的不同，进行有效比较，进而将企业加以主动划分，这样，总裁所期望的比较优势就无疑获得了确立。

想要得到这样的确立，需要花费一定的时间和方法。例如，总裁应该从客户角度出发，考虑关键客户所能提供的价值，进而建立能够让他们比较得出的优势价值观；应该从产品出发，发现目前产品在比较后所容易暴露出的缺点，并对另一方面的优点加以总结，进而建立关键性比较优势。

更重要的是，总裁不仅要学会将公司的价值在对客户细分之后予以表现，还应该学会围绕这些价值，建立起应有的运营体系予以对应，这样才能更好地建立比较竞争优势。在企业的实际经营过程中，只要建立能够和客户利益需要相对应的运营体系，就能够帮助企业获得足够的魅力，从而

形成企业核心竞争力。

如何获得比较竞争优势？

除了抓住客户的需要之外，总裁还需要考虑的是，在企业的其他运营领域确定维度，从而获得比较竞争优势。实际上，产品、客户和地域三个维度，都应当是竞争战略的有效体现渠道。为了能够获得充分的竞争优势，总裁应该学会，将企业的竞争资源、人才资源有效地集中到某些部分，而并非是全面铺开。所集中的部分，绝大多数都集中在这样的三个维度上。例如，总裁应该侧重关注哪些产品，应该集中在那些地域出击，应该将产品重点提供给哪部分的细分客户上等等。只有这样，才能全面和持久地获得比较竞争的优势分量。

对于企业来说，比较竞争的起点，应该是从以上三个领域进行的综合性优势汇聚，而这样的汇聚，表现在两个方面：一方面，企业要做到比别人强；另一方面，企业要做到有足够的持续发展能力。总裁有必要对三个领域的问题分别进行有效明确。

在产品上，总裁应该多问问自己和员工下面的问题：应该侧重哪些产品；目前的产品结构是否合理；需要开发哪些新的产品。

在地域上，同样需要明确的问题是：业务在地理空间上的分布是否合理；今后业务发展的地域重点将会安排在哪里。

在客户上，总裁应该明确的是：应该以什么样的标准对客户群体进行细分；对客户群体提供怎样的产品和服务才能吸引到他们；重点客户应该怎样发现。

总裁们对这三个领域的关注，并非不遗余力全部铺开，而是要有重点有选择地做。上面这些问题中，不可能有企业百分之百地全面予以重点解决。这就意味着每个企业的总裁都必须有所选择，从不同领域中的关注点加以分类排序，保证在最重要的那些点上，能够比其他企业做得强——这样的强大当然不是靠价格的降低能获得的，因此，价格战的危险也就能得到有效地避免。同时，由于每个公司在不同总裁的带领下，产生了不同的盈利模式，表现在不同的战略重点和比较竞争力上，再加上企业在产品、地域和客户三个方面中，只专注某些点而并非参与全部的竞争。这样，企业和企业之间的比较竞争也就更加精准，每家企业都有他们独特的客户目标和定价，也就具备了各自的比较竞争优势。从这点来看，比较竞争优势并非一个无聊的游戏，不同的企业都可以获得他们各自的比较竞争优势。

看看下面的案例：

摩托罗拉作为手机产品的制造企业，曾经将手机用户分成四类：追求科技型；追求时尚型；追求时间型；追求实用型。这四种客户能够代表大多数手机使用者的想法和心理，解释他们的实际需要。摩托罗拉是根据这样的客户细分，从而建立了自己的比较竞争优势。

例如，由于追求时间型的客户，大多是比较活跃、繁忙的企业管理人士，其生活的典型特征是：承担较多工作；会主动做好工作；经常外出；相当成熟老练且不让人讨厌；和社交圈子、朋友和家人的沟通密切；经常使用通信工具办公。对于这些管理人士来说，他们希望手机可以帮助他们在较短时间内，处理更多工作任务或家庭事务，能够让他们的工作和生活变得更加有条理，而手机的功能也要跟随社会的变化而变化。因此，摩托罗拉将这样的客户特征和需求转化成为具体的产品设计目标，并进一步细化为具体的产品功能，从而完成了对一系列产品的设计过程。这样瞄准了精确客户的产品设计，当然能够引发客户的关注，并建立其应有的比较优势。

可见，比较竞争优势的第一个方面，应该通过在客户层面的分析和聚焦而获得，只有考虑到客户的个性化需要，比较竞争优势才能成立。

比较竞争优势的第二个方面，应该通过对区域和行业层面的聚焦而获得。众所周知，区域和行业对于产品和服务的影响相当重要。

市场本来就不是均匀分布的，无论产品市场区域总体来看是否狭窄，其内部分布形态如何，其中总有部分产品、客户和区域，会出现部分超过平均数据的利润回报。总裁应该意识到，即使是那些看起来表面上差不多的客户，即使是在那些看起来距离接近的区域，即使是销售相同的产品，不同的企业也会因为他们对比较竞争优势树立的高低，而获得不同的利润回报。

以电脑行业为例，该行业的利润，大部分集中在CPU和软件的区域，而不是硬件制造区域。因此，大多数电脑制造相关企业，都不会同生产CPU老大的英特尔、或者同做操作系统的微软进行竞争，这是因为普通企业同这样的企业之间，存在太大的差距——无论是必备的技术能力，还是竞争结构，又或者是资源优势。

当然，这并不意味着其他电脑制造企业就没有获得比较竞争优势的机会。实际上，他们依然有很多路可以选择。例如，考虑进入电脑行业内不同的细分市场，可以深入对自己所在的细分市场进行利润考察和衡量，从而寻求应有的利润机会。在这方面，戴尔公司是一个案例典范。

起初，戴尔公司进入的竞争领域是电脑行业中缺乏足够吸引力的硬件制造市场。但在1994年开始，戴尔的总裁为了追求利润收入，在该企业传统的直销渠道中，也进入了零售渠道。开始，这样的方法带来了利润的有效增长，之后，戴尔发现业绩出现了问题。在总裁的指示下，戴尔公司内部开始进行调查，结果证明，企业并没有寻找并专注具体的区域、客户和产品。调查之后，戴尔公司才意识到，直销模式比零售的模式能够提供更多的业绩。

对此，戴尔开始着手打造自我的比较竞争优势。

一、进行模式取舍

总裁应该系统分析业务中的不同环节，具体确定企业在何种环节上真正赚钱。结果很快显示出来，分销并不赚钱，而直销模式却对各种细分客户都能产生利润。由此，戴尔公司开始进行调整，全面进入了直销模式。

二、进行市场细分

戴尔公司对能够带来高利润的细分市场进行了相关调整，对其中如大公司的客户，重点提供服务。当企业真正在对客户提供一对一服务和“监控”时，就可以了解到哪些客户群贡献了较大利润，从而相应进行区分和建立优势。

三、对市场进行定期的细分

总裁应该清楚，那些能够带来最大利润的客户，并不是完全固定不变的。戴尔公司每过一段时间，就对市场和客户群体进行充分的再次细分，从而探寻总利润中利润是如何到来和变化的。这样，当新的利润源头出现时——无论这样的源头来自于产品、客户还是区域——总裁和他的企业都能比其他竞争对手更快地作出反应。当然，有这样的取，就会有相应的舍，对那些提供利润较少的客户、行业和产品，应该毫不犹豫地加以放弃。

第六章 战略智慧4：怎样让他人不可复制、无法模仿？

没有核心竞争力就没有未来

“核心竞争力”，这个名词经常出现在总裁的面前，那么，核心竞争力究竟有怎样的意义？这需要从其具体的标志来加以认识和理解。从总体上来看，核心竞争力是一个企业能够为客户创造怎样价值的能力。企业具备的能力如果与客户的需要和价值无关，就必然不能成为核心竞争力。现实经营中那些被看重的技术优势、规模优势、设备优势和品牌优势等，并非对客户的价值需求产生关系，因此，并不是真正的核心竞争力。核心竞争力的标志在于企业的执行力。任何企业想要持续赚钱，都需要有团队加以具体支撑，而团队的高执行力，是难以在短时期内学会和掌握的。

核心竞争力之所以相当重要，就在于它能够通过多种渠道，为客户创造不一样的价值。学会这样的解读，总裁就能认识到，核心竞争力的特点就在于其“不易学习”。例如，规模优势有可能让一家企业具备相当的比较竞争优势，因为，大规模的确能为客户创造出价值，但这样的价值并不是不可模仿的，因此很难真正“独特”起来。

总裁必须看到，企业之所以获得持续竞争优势，正是因为核心竞争力的存在，能够让其他竞争对手逐渐丧失优势，才能让本企业具备稳定的优势。可以说，核心竞争力是能够创造出独特价值的能力，企业坚持核心竞争力，就能够为客户创造出不断提高的价值，这样，企业就会因为其独特的竞争力，而产生持续的独特价值。

实际上，一切的企业业务扩张，都建立在竞争力扩张的基础上，这样，企业的业务扩张才能得到不断加强和拓宽。简而言之，没有核心竞争力，就没有未来。

从持续发展的层面来看，总裁们应该认识到，只有先获得核心竞争力，才能建立起战略性的竞争优势。但是，在很大程度上，即使是今天已经小有成就的总裁们，实际上也并不一定了解究竟什么才算核心竞争力。在这方面，总裁们应该多参考沃尔玛的经验。

在同时代诞生的零售商中，沃尔玛是真正的大赢家。在1962年的前10位零售商中，没有任何一家能像沃尔玛那样，在20多年甚至半个世纪之后还是依然成功的。其中，几家较大的竞争对手，都已经失败或被收购。只有沃尔玛依靠一代代总裁凝聚的核心竞争力而获得了持续发展。

在沃尔玛，有一套基于客户价值的理念，这种理念影响到人力资源政策、战略业务决策。由此，沃尔玛能够平衡合伙人、客户、员工和供应商之间的利益。在沃尔玛建立早期，宝洁这样的大供应商对其态度相当强势，但沃尔玛强大之后，依然对宝洁以战略伙伴相定位，最终双方形成共赢。宝洁还专门在本特维尔建立了一个小组，这个小组共有70名员工，他们集中管理所有销售给沃尔玛的产品。到了1993年，沃尔玛已经是宝洁公司的最大客户了，他们的经销业务，占据了宝洁公司总收入的10%。由此，人们应该明白，沃尔玛持续发展的原因，并非其表面上的价格因素，而是其内在的难以学习的核心竞争力——超越其他企业的存货、配送和补充能力，以及充分吸引客户建立品牌力的经营方法。

正是由于这样的方法，沃尔玛才形成了自己独特的优势。例如，沃尔玛发明的“连续装卸”，能够让该企业在48小时乃至更短的时间内，从不同的装卸码头运送货物到其他码头，这样的方法让沃尔玛在销售费成本上，获得了比其他零售商更加便宜的优势。可见，沃尔玛的所谓优势，并非是低成本，而是其原本就已经成熟的支持系统，以及这些系统表现出来的核心竞争力——无论是库房可以在短期内补充整个门店的大部分存货，还是门店发出订单到补货完毕，平均只需要两天。

实际上，沃尔玛早就了解和学会了如何提升自身的核心竞争力而不仅仅是表面的竞争力量。如沃尔玛从20世纪50—60年代就开始将门店、供应商和配送中心之间，采取多方面多角度的动态管理，其中包括：投资监理信息系统，并建立了专门的卫星控制系统，这些系统能够直接向不同的门店传递销售数据；公司还安装了视频系统，从而帮助各部门之间即时进行市场信息的交流；沃尔玛对人才队伍进行培训，要求不同门店的经理主动了解和把握客户、产品和市场；通过员工持股，保证了员工从不同的奖励计划和共享计划中获益，从而激励只积极应对客户的价值需要。

从沃尔玛的特点，我们能够看出，对于企业来说，所有核心竞争力，都能产生特别的竞争优势，但是，并非所有竞争优势都会特别。其原因是企业目前所拥有的能力，并不一定能帮助企业获得未来。

例如，低价格和低成本，是许多企业的竞争优势，但是，真正强大的企业，不可能总是通过低价格和低成本来获得持续的繁荣。因此，不懂得对竞争优势和核心竞争力加以区别，就会让企业的总裁迷失，他们会迷信目前已经拥有的一些短期竞争优势，而不了解持续竞争优势的作用。实际上，中国目前不少企业总裁真的并不了解其区别，或许是一些企业老总不知道怎样描述自己企业在依靠什么获得成功，他们总是将企业现有的优势描述为所谓的核心竞争力。如“规模优势”、“质量”、“企业文化”、“资金流”、“高技术”、“广阔渠道”等等。其实，总裁应该去梳理出核心竞争力同竞争优势的不同，从而意识到核心竞争力的真正作用和价值。

用下面的方法可以帮助总裁们做到如何了解核心竞争力。

一、了解竞争优势和核心竞争力的区别

总裁们可以从时间长度的区别来看竞争优势和核心竞争力的区别。核心竞争力产生的是持续的竞争优势，比较竞争优势是一种外在的优先的能力和表现，它将随着产品或服务的变化而变化，但核心竞争力则是和整个企业内部的组织和人所相互关联的。

总裁应该清楚，想要得到良好的核心竞争力，需要改变的是整个组织、整个人才队伍、整个系统，而不是“外在”所拥有的能力或特点。搞清楚这一点，总裁将不会再热衷于只作出外在资源、体系、规模、数量上的庞大，而会将注意力放在内在的强大上，修炼企业应有的内功。

二、了解能人和核心竞争力的关系

总裁们都有各自不同的成功经历，但是，他们必须要认识到，那些之前的成功经历，并不一定能在目前对企业的优势打造过程中提供充分的便利。总裁们的个人能力和成功经验，有可能成为企业核心竞争力形成的独特阻碍。正因为如此，总裁应该看清楚“能人”——包括自己——是否能够提供有效的贡献，从而帮助企业拥有核心竞争力，并进而形成持续的竞争优势，而不是靠短期的个人魅力、人际关系或者其他依附于个人的资源来提高企业的利润。

三、核心竞争优势应该体现在多方面的持续上

沃尔玛的“天天低价”特点，一度让中国的超市企业认定靠价格战可以获得成功的竞争优势。现在总裁们早已明白，沃尔玛的持续成功，是来自于战略上的定位成功。这种成功之所以能够变成持续竞争优势，形成核心竞争力，是因为沃尔玛建立了相当完善的制度、程序和文化。

学习沃尔玛，意味着总裁能够建立起充分有效的制度，如成本控制的制度、结算时间制度、供应商合作制度等等，也意味着总裁需要在企业内部建立起完备的文化和程序，从而保证优势因素已经融入了企业的运行过程中，并随时通过具体的产品和服务传递给客户。这样的优势，将是其他商业对手所无法复制，也难以长期学习的。

避免外强中干，提升核心实力

核心竞争力因为对企业起到持续作用，所以理应受到正确的重视和对待。在接受这个事实的基础上，企业总裁应该学会从正确的方向上提高企业核心竞争力的水平。

企业核心竞争力，实际上表现为企业内部的两种实力的组合：一是企业的组织能力。这说明，同企业员工无关的能力并不是核心实力，而同企业组织无关的能力也不是核心实力。二是企业对于不同资源调配运作的能力。和经济要素使用无关的能力、同要素之间协调无关的能力，同样不是核心实力。

了解到核心竞争力的组成，总裁就应该明白，对企业经营运作的一切努力，都应当是围绕着以上两个层面进行的，其他方向应当体现出具体的支持。当然，支持的内容也相当重要，但支持部分终究是因为主干的价值才能体现的。培育核心竞争力，最重要的方向，就在于从以上两个层面加强企业的内功，避免外强中干，而这种加强方向，同总裁自身的努力提倡也有重要关联。

山姆·沃尔顿，在沃尔玛的成立初期，就强调对客户提供卓越服务。他所看重的卓越服务，既是同企业内部集体成员有关，又同企业能够利用的资源协调有关。具体来说，沃尔玛企业要求他们的员工做到如下工作规范：

能够对顾客提供他们所需要的东西，同时再多提供一些服务，让他们感觉到被重视；

能够在错误中吸取教训，而并不是寻找借口，同时还应该积极向客户道歉；

无论做什么工作，都应该注意礼节；

最重要的四个字是：保证满意。

除了这些原则之外，沃尔玛还有它著名的三米微笑原则。在这条原则指导下，总裁山姆·沃尔顿希望，所有的员工都能和他一起，对三米以内的顾客，可以看着其眼睛打招呼，同时展露微笑，并询问自己能够对他做什么。这条原则实际上是总裁山姆本人在密苏里州大学时养成的习惯，当时，他决心要做到学生会的主席，并就此养成了这样的认识和习惯。

可见，沃尔玛的长远竞争优势，来自于总裁脚踏实地的传播理念，这种理念以企业的全体员工为目标，全力整合了企业的资源，也体现出企业家个人的能力。

想要获得长远竞争优势，也不能只通过企业家个人努力来加以影响。事实上，通过对企业执行力的打造，企业可以获得更加长远稳定的优势，这很难被其他企业所模仿超越。如建立一定的管理平台，打造组织的学习能力，通过建立推崇学习的企业文化、组建学习的资源系统，或者选择了正确的培训学习方式，这都能够影响到整个企业的内部员工。同样，建立一定的制度，能够提高企业的执行力，这样，业务流程能够得到有效的提升、岗位职责将可以获得进一步明确。严明的奖惩措施，则同样可以保证企业内资源的有效利用。

中国企业中，万科正是通过对执行力的打造，进而拥有了自身良好的持久的核心竞争优势。

在万科，企业从上到下认识到，学习应该成为一种工作的方式，而对知识的管理，则是对实现资源之间的传递和共享的重要方式。在万科，每一个部门的管理者都同时是对员工和下属施加影响的教练和讲师，而团队中的专业骨干和管理者，又是他们开展培训的中坚力量。此外，企业内部不同的人力资源部门和外部的教育机构，也是万科用来提高执行力的重要学习资源。

在课程上，万科既进行公司内部的培训，也进行外部专门的培训课程。除此之外，资深员工或部门领导，也会通过不同的方法，如制订工作计划、对工作的分配、对工作业绩的总结和考核、对工作流程的改善等等，在日常工作中加强员工们的实际执行能力。

万科采取多种课程形式，如在职辅导、网络学习、流动学习交流、外出考察等等，这对执行力起到了提高作用。

从以上的案例中，总裁应该发现，具体推进企业的组织能力和执行力，才能培养出对于客户独特价值发挥深远意义的战略性竞争优势。最终，这样的能力可以转化成为企业的根本推动力，企业也可以通过业务实施继续体现出这样的推动力，从而保证在竞争中立于不败之地。

为此，总裁应该做到：

一、能够发挥总裁个人的初始推动力

企业不能只依靠总裁的个人能力，但是，企业最初的核心竞争力之所以能够获得，实际上离不开总裁个人的洞察力。在这种洞察力下，客户的独特价值可以被充分认识，只有这样才能让企业真正实现成长。

为了发挥总裁的推动力，总裁应该做到：

1. 在理念上，理解和接受客户价值

认识到客户的利益维持着企业的利润，只有当客户的价值被总裁充分认可并转化到企业的实际行动上时，才能体现出战略上的竞争优势。

2. 换位思考

总裁要进行充分地换位思考。通过深刻认识客户需要什么，并结合对企业的了解观察，才能为客户提供他们所需要的价值。

3. 用实际行动鼓舞员工

总裁应了解如何用实际行动来鼓舞员工，从而推动他们为客户价值文化作出贡献。总裁应该适当地亲自接触客户，作出表率。英特尔公司的首任总裁格鲁夫先生总结出——没有什么能够比总经理的日程安排更能向员工们展示，什么才是公司的战略重点。可见，总裁个人的行为选择，会成为企业核心竞争力的初始推动力。

二、建立应有的制度业务管理系统来保证执行力的提高

建立一个良好的制度业务管理系统，这能够保证企业内部的业务，将会构造出一个严密有效的系统。

在总裁的引导下，这样的系统将能够按照时间和岗位加以运转，最终能够让企业高层制定出的战略决策可以更大程度上转化为企业的实际行动。需要注意的是，这样的管理系统应该以一定时间作为时期单元，如季度、年度等等，从而保证业务管理系统能够不断地获得循环管理。另外，这样的制度化系统平台，还能够保证整个企业从高层领导到基层员工，都能够共享一样的平台，并针对各自在业务流程中所分担的工作，找到差距，进行有效交流和分享，以便明确潜力点和具体的方法。

当然，仅仅有制度和平台，还不足以保证企业执行力的强大。因此，总裁还应该经常性地利用这样的制度和平台去鼓励和刺激员工，让他们懂得，企业的持久竞争优势需要他们参与建立，鼓励他们参与到企业自我提升的过程中来，才会有所谓的“群策群力”。另外，在这样的制度和平台设计上，总裁应该尽力做到设计上层次分明、岗位上各司其职、权力上收放自如。通过对各个层次的权责区分，以及岗位权力上的各自定位、有序合作，才能让制度和平台起到应有的推进效果。另外，对制度和平台两者之间的有效结合也是必要的，如用制度考核平台上的操作效果，或者用平台业绩检验制度效果等等，都能够保证企业的执行力得到提升，进而获得企业应有的长久化竞争优势——核心竞争力。

判定企业竞争实力的“漏斗原理”

企业的核心竞争力，离不开为客户打造自身所需要价值的执行力。这种执行的过程，需要梳理清楚：执行的过程是否能够帮助客户带来他们所需要的价值？企业是否已经将自身的执行力提升到卓越层面并加以组织？这些都是总裁用来判定企业是否形成良好长远的核心竞争力的重要标志。

这样的判定标准，可以形成具体的“漏斗原理”：即企业运作的一端是技能、技术、原料、生产流程等等，而另一端是具体的结果。在这样的两端中间，是“漏斗”的存在和效果——核心竞争力。

核心竞争力，其立足点在于客户价值上。即在通过“漏斗”之前，总裁应该将消费者的实际需要加以准确罗列，并描述出竞争的企业和本企业在价值上的不同，同时，还应该对消费者进行价值层面的调查和分析，并寻找到其中独特的价值环节，将重点环节予以聚焦，从而最终能够确定客户的独特价值。在完成这些工作之后，总裁才能建立起一个成功的“漏斗”，并成为用以指导企业运作的原理。

实际上，漏斗原理相当实用，能体现和作用在不同的行业竞争和企业发展过程中。众所周知，宾馆在全世界的分级都相当被重视，不同的级别有着不同的设施，因此，不同的星级标准有着具体的不同——这意味着价格的不同。

分级制度的出现，让酒店住宿业的竞争方式出现了一种思维上的僵化：越来越多的总裁认定，企业的竞争主要体现在具体的外观和设备上。为了在这方面作出差异，不少企业的总裁着力在宾馆的外观和设施上进行竞争。

这样的结果是，我们看到的宾馆一个比一个讲究豪华。事实上，这样做需要企业付出成本。

在法国，一家一星级宾馆将视线放到“漏斗原理”上，他们努力挖掘客户的价值需要，并通过自身“漏斗”的运作，实现了战略上的有效突破。这家宾馆是怎样做到的呢？

首先，他们调查顾客之所以会到这里消费，其关键性需要在哪里，并进一步将客户需求因素加以记录，从而将客户的需求加以归纳和总结。如究竟是在餐饮场所加以消费，还是在房间使用过程中看重舒适、休闲程度，或是对房间大小有更多关注，或是对前台接待服务水平更为看重，当然，还有的顾客对家具的使用方便性、床的舒适程度、环境的卫生、安静或者价格予以关注。这些不同的关注，将形成对企业“漏斗”的指导方向。

其次，该企业对“漏斗”加以有效评估。总裁将一星级和二星级宾馆之间的差别，在价值点上进行深入的对比评价。由于企业没有足够资金去实现传统思维——即全面提升硬件，将一星级的档次提高到二星级——因此，该宾馆总裁决定从内在的特点加以改变进行竞争。如总裁决定对床的质量加以提高，因为绝大多数的消费者在宾馆里有七八个小时在床上睡觉，床的质量会影响他们对服务的看法；卫生状况、安静程度，也同样是这种“通用”的需要标准。因为不管什么样的消费者，最终想要充分休息，都和这两个因素有关，而并非看重宾馆的内外装修、餐饮供应和休闲设备、前台接待。

实际上，在这个过程中，总裁指导着整个企业，像“漏斗”那样过滤掉了那些并不会直接影响到客户最直接最需要的功能，而是将企业提升的方面对准必需的功能上。通过这样的“漏斗”，才能形成普通企业所能够具备的核心竞争力。

当然，这家宾馆的总裁还进而为此提出了行动策略。如他着力取消那些在消费者看来并不是太重要的因素，从而将并非必要的成本予以取消，并将这部分成本加强在消费者所认知的价值重要的因素上。这样，虽然消费者总体支付的价格并没有增加，然而，卫生状况、床的舒适度、环境安静程度等等，产生了明显的变化，客户总体上获得了价值的充分提升。

从案例中我们可以看到，企业形成核心竞争力的过程，是通过总裁对企业执行力方向、角度的调整和对总体执行力的打造。实际上，核心竞争力，即是企业的组织执行力所产生的具体表现，是能够存在组织内部而运作上升的集体学习和业务推进能力。这样的能力只有经过“漏斗原理”的加强和推进，才能体现为组织的能力，也正因为有这样的过程，这样的能力才不容易被企业的竞争对手所复制，企业也不太可能因为对手学习了这些因素，而迅速走向衰亡。

那么，总裁应该怎样认识和运作“漏斗原理”，从而确定组织执行力呢？

一、发现企业内部属于个人的、岗位的能力和资源

看清现实，是总裁应该具备的管理能力和态度，在利用企业形成的“漏斗”向客户提供重要的利益之前，总裁必须认清，只有尽可能地搜集整个企业内部不同个人和岗位的能力和资源，才能将更多的“材料”放进“漏斗”中，从而有可能为客户提供出他们所需要的重要价值。

总裁需要在平时的工作中，适当深入基层，从多方面了解企业内部关于不同员工不同岗位的能力和资源，加以广泛搜集，了解在一个固定流程中所体现和没有体现出来的企业能力，从而为下一步的组合过滤提供出充分空间。

二、打造属于企业的“漏斗”

在这个步骤中，总裁应该将企业内部的不同能力和资料加以整理，让它们形成不依赖具体某个人、离开任何人都可以实施的能力。总裁应该看到，企业的“漏斗”之所以有效，在于其中体现出的执行力，本身是可以通过企业的组织机构运作并体现出其特点的，并不需要依赖企业家个人在场加以实施。换而言之，总裁应该建立起良好的制度，从而支撑企业的“漏斗”运作。

三、让企业的“漏斗”无法被模仿

企业的“漏斗”是否良好而卓越，重要的一点在于其是否难以模仿。当竞争对手的核心竞争力远远不及本企业的核心竞争力时，它们对你的“漏斗”中的核心竞争力加以模仿的成本决定了总裁给企业带来的优势。因此，如果“漏斗”被设计的更为巧妙，即其中的因素更为抽象、更为深入和更为贴近企业实际，那么，其他竞争者加以模仿的可能性就小得多，甚至根本无法模仿。

四、让“漏斗”更容易被员工学习和操作

“漏斗”原理并非仅仅为总裁、管理者熟悉即可，实际上，这样的原理更应该被实际操作一线业务的员工进行有效地实施。正因为他们的工作在于直接让“漏斗”原理产生效果，直接为企业创造现金流。所以，总裁更应该面向员工进行培训和普及，确保他们能够在“漏斗”原理指导下工作到位。

第三部分

战略落地推进企业持续发展

第七章　经营战略：企业发展靠总裁经营智慧

向苹果公司学习什么？

苹果公司的故事，是21世纪伊始的一次企业奇迹。这个起起伏伏的企业，因为有了乔布斯这样的总裁，终于在其独特标志和产品外形的引领下，再一次焕发生机。苹果公司的发展经验，无论从哪个方面来说，都值得中国企业总裁学习和借鉴。我们不仅应该看到苹果的成功，更应该从更多方向去加以论证，考虑怎样才能将苹果的成功复制到中国总裁对企业的日常经营中去。

20世纪70年代早期，计算机市场的大鳄是IBM公司，该公司能够进行大量资金投入，形成规模优势和技术领先。因此，看起来似乎是难以企及和超越的。苹果公司从一开始就按照最高的配置标准来生产个人计算机，让客户感觉操作方便，加上质高价低的特点，让产品在当时的市场上站稳了脚跟。同时，苹果公司此时所利用的销售渠道和营销策略，非常符合当时的市场需求，苹果和将近800家零售店建立了充分的联系，同时还通过免费软件热线来帮助用户。另外，苹果公司还通过许多方法降低销售成本，从而有效提高利润，并减少库存。当然，苹果公司的促销广告从那时候开始就给用户留下了深刻的印象，通过保持和用户的友善沟通，苹果公司从中受益匪浅。

这个阶段苹果公司的经营策略，体现出其总裁在企业发展过程中关注的重点，既同时保持对组织的有效控制，也加强对企业所有权的管理。另外，在产品的质量、技术、设计和包装上，在渠道力量的管理上，如怎样设计主渠道，怎样和渠道商相互捆绑利益，怎样快速占有市场，该企业也表现出了强大的战略规划能力。乔布斯个人对于品牌概念和效应的重视，对于流通能力的设计和提高，都形成了强大的战略经营能力，从而保证苹果公司在这段时间的持续辉煌。

实际上，经营战略离不开营销，其中包含了营销方法和策略。如果总裁想要提高他们，就必须关注用哪些方式来提高营销力，是对内部进行组合，还是进行不同角度的分拆，这就是经营战略的最基本策略和方法，同样，也是整个经营战略方案的主要内容。

对于经营战略的核心策略来说，必须要同时关注两个点：一是产品能力的构建，二是产品的渠道能力。通过这两个点的有效组合，就能形成较为强大的经营战略。当然，其中这两点也并非没有相互影响的，它们之间也存在着相互促进的作用，并体现成为经营战略的合力。

再看苹果的案例——

乔布斯个人和沃兹尼亚克在1976年设计出了苹果计算机，仅仅3年后，苹果公司已经拥有了1.18亿美元的资产。但乔布斯根本没有满足，他以自己睿智而狂热的表现，设计出更多的新思路，并且和自己的下属对技术进行讨论，同时以此来激励他们的潜能，打造出属于苹果的团队。

为此，乔布斯并不在意自己表现出的是怎样的工作形象，也不在乎苹果公司是不是在用他人并没有用过的方法。例如，在苹果公司的招聘过程中，应聘者起码要和公司高层谈两三次，通过后才进入第二轮。1984年，麦金塔计算机上市后在短短100天内销售了75000台，当面试者进入企业后，面试官首先给他看产品，然后，观察面试者是否会因为这样的产品而感到兴奋不已——通过表情，苹果公司将知道，哪些员工是能够进入这种团队的志同道合的人。而事实上，也只有这样的员工，才大部分可能将乔布斯当成整个团队的核心，乃至于信仰和偶像。

总裁应该明白，企业的经营离不开人的经营，企业的经营战略离不开对团队建设的战略。组建一个强大的团队，需要总裁通过具体方法刺激团队中的人员，而用这种方法加以组合，就是整个团队内部的人力资源公关。但遗憾的是，这一点国内绝大多数企业没有做到。

事实上，团队内部的交流方式将决定团队表现出的执行力，对员工心理的管制，需要更加长远的战略能力和方法模式。

苹果公司的复兴，同乔布斯对产品和用户需求的看法有着必然的联系。在 ipod 出现之前，整个公司已经亏损了将近 13 亿美元。但是，iPod 却拯救了苹果公司。这款产品当然不是第一款个人音乐播放产品，但却能真正满足客户的要求。在乔布斯的影响下，该产品的开发小组，在设计产品之前，首先对用户需要什么的体验加以提炼。例如，他们对某些产品滞销的原因加以调查，发现其中很大原因来自于存储量太小，这样，客户就无法获得很好的体验。其他原因还包括外形笨重、难看、操控体验不佳等等，在这些考虑上，iPod 将外形加以相当大的改变，一切和音乐体验无关的因素加以减免，将按钮取消，二是采用直接的触控键盘，除了锁定键之外，客户什么都不用学。另外，应有的附加功能也依然保持。

可见，乔布斯作为苹果公司的总裁，相当了解技术创新和客户需求的互动关系，他的名言是：“你不能去问客户需要什么然后给他什么，因为当你按照他们的要求做出来之后，他们又有了新的要求。”因此，苹果公司的成功经验在于，去超越顾客需求，作出他们想要但没有想到的东西。随着iPod的成功，iTunes的引入，又突破了顾客和供应商原本能想到的模式，打造成为新兴的全方位模式，同时覆盖了不同行业中硬件、软件、配套产品等各个方面。比如，表面上看，iPod的出现直接影响音乐CD行业的利益，但是，音乐著作权人的收益不仅没有影响，还因为有对应机制来进行收款再分配，让他们收益更多。更不用说配件产品的收益了——实际上，附加产业链的有效形成，也帮助苹果公司的主产品，得到了更好的经营效果。

从苹果公司总裁乔布斯所表现出来的经营战略观点和模式中，中国企业总裁应该得到如下的教益：

一、不要完全站在市场调研基础上进行战略规划

决定企业战略发展起点和路径的是总裁，而不是市场调研部门。因为市场调研大部分都是按照事先假设为前提的，完全相信市场调研的企业即使能够成功，大部分情况下也难以完全突破，这是因为他们的总裁被先入为主的思想影响，无法真正用前瞻性预见性地明确客户的需求。

二、想要做好战略经营，靠的并非只是产品，而应该打造产业

产品实际上不需要太多战略经营，而产业才是战略性经营指向的目标。一个成功的企业，必须在总裁指导下创造出一个产业，并将产业同上下游的合作伙伴之间组成一个链条，从而向整个市场加以推进。为此，总裁可以采取像苹果那样的方法，先对产品进行有效地归类，然后再加以挑战，从而创造新的产业。

三、总裁应该将产品和概念组成联合链条

目前，不少中国企业总裁在营造渠道时，只能看到自己的短期利润，而无法想到通过合作来建立起一个强大的联合链条。而实际上，一旦这样的联合链条能够形成，最大的受益者是本企业。因为只有当合作联盟予以成立后，才能对市场进行有效的占领和分割。这样，整个合作的同盟，就能够将市场资源加以整合之后，通过企业的业务而获得控制，并满足消费者，这样企业将从中得到更多利润。

为什么肯德基遍布中国各地？

肯德基在今天的中国早已不是什么稀奇的饮食，实际上，肯德基在中国已经进入寻常百姓的普通生活中。不可否认，这个卖炸鸡和汉堡的“老爷爷”，能够以如此惊人的速度迅速增长，除了战略上的成功之外，绝对找不到其他解释的原因。

今天的肯德基，在中国几乎每一个稍具规模的城市都能看到其身影，但是，肯德基并非盲目对自己门店的位置加以选定。作为一种基于人们生活的餐饮企业形象，肯德基的选址，实际上代表了这个企业对市场是如何进行预测、如何进行经营的，说得更明白一点，肯德基的选址，体现了其总裁所创立的企业经营战略。

肯德基创始于1930年，创始者是现在已经鼎鼎大名的哈兰·山德士先生。目前，肯德基属于全世界顶级的餐饮集团——百胜。这家集团拥有全球将近30000家包括肯德基、必胜客、塔可钟在内的连锁餐厅。

那么，肯德基是如何从零起步，在中国一步步发展起来的呢？这当然离不开其选址时体现出来的战略经营优势。

让我们来看看肯德基是如何为其门店选择地址的：

首先，肯德基在进入任何一个城市之前，都会通过有关的渠道、或者雇佣专业的调查公司，来收集该地区的主要资料。这些资料包括城市历史、城市商圈、人口数字、自然环境、气候温度、交通状况等等。其次，这些资料会被整合到肯德基的规划部门，重新进行他们眼中的商业圈规划。

商业圈规划的方法采用计分形式。例如，在该地区内，一旦有大型商场，那么，会根据商场营业额进行计分，营业额越高分数越高；同样，有一条公交线路也加分，有地铁线路也会获得加分。在所有分数计算出来之后，商业圈将会被划分成不同的类型。而之后的选址，将会考虑商业圈的分数，同时根据其稳定性和成熟程度加以判断。

当然，对于肯德基这种企业来说，他们最看重的还是分数体现出来的商圈繁荣程度。这是因为一家肯德基门店的投资成本在几百万以上，如果对于未来缺乏一定程度的准确把握，肯德基绝不会冒险开设。

从肯德基的经验来看，在企业的战略经营中，选择应该讲究：聚焦。

1. 所谓聚焦，并不一定是流量大、繁华地段

不少人认为肯德基将店面放在繁华区域是其选址成功原因，但实际上，肯德基是结合本企业自身的特点，选择了对应客户流量较为聚合的地段。换句话说，如果你的餐饮企业并不是提供肯德基那样的产品，那么，盲目选择繁华区域，不仅不能提供节节高升的利润，还有可能让总裁犯下原则性的致命错误。只有将有效客户加以聚合，并且保证他们能够形成一定时间的停留，这对于门面型的企业才会有效。因为这样才能让消费信息获得有效的传递，同时推进消费可能。

2. 在战略经营中，企业还应该注意研究具体的随机行为

研究这种行为，实际上就是总裁对自己市场内消费者的分析过程，包括对具体消费者群体的消费力、消费行为所进行的一系列研究，这样，可以从表面上看似繁复随机的消费现象中，寻找到消费者的行为习惯。

在这方面，肯德基主要通过研究顾客的随机行为是如何转化成为习惯行为的，从而帮助整个企业从一般的经营状态走向成功的经营状态。通常，他们会用下面的方法加以研究：

首先，将选址范围有效缩小，集中到定位顾客群体相当集中、特点表现明显而流量相对较大的区域。未成年人和青年女性显然是肯德基的定位主体，那么，在游乐公园、大学附近、少年宫等等，都会是肯德基优先考虑的选址地段；

其次，肯德基会想方设法去观察研究和目标顾客群有密切联系的人群，包括未成年人父母这样的中年群体，也包括和青年女性互动密切的青年男性等等。通过研究他们的随机行为，创造推进之后消费的可能。

再次，通过让随机消费变得更加快捷方便，如加快收银节奏、提高服务效率等等，都能够让那些偶尔消费的客户感到竞争优势，从而在今后考虑更多消费。

最后，对周围人口的生活状况进行了解和调查。其中，消费能力是了解和调查的核心要素。关于人口的消费重点倾向、消费习惯、消费攀比程度和相互影响状况，都进行积极的调查。

实际上，对随机性和习惯性的调查，也就是对消费者的调查和了解。总裁想要获得经营战略的优势，就应该身体力行，引导和组织企业中相关部门，对上述内容加以仔细地观察和了解，从而保证经营的成功。

另外，肯德基在经营战略中还表现出对交通的研究、对竞争因素的研究。

对于交通的研究，往往集中在肯德基对人气的研究过程中，在这样的研究过程中，体现出了企业对消费者心理感受和实际感受的关注。例如，消费者是否感到心理上的方便，消费者是否会在身体疲惫时迅速得到休息，消费者能否在需要的时候尽快节省时间到来和离开，消费者能否很快地带朋友来消费等等，都会产生不同的心理感受。正因为如此，交通因素会对肯德基门店的分布也同样起到重要作用。

综合来看，肯德基的经营战略之所以成功，之所以能在短短十几年内就迅速占领全中国的快餐市场，除了适当的主客观因素外，注重选址，是经营战略的重要内容。通过观察肯德基的成功，总裁们应该进一步明确到，好的经营，除了好的理念、产品和技术之外，好的选址绝对不可或缺。因为选址意味着企业对消费者根本利益和直接感受的关系，也会影响到消费者如何看待企业的产品和品牌。

在选址过程中，总裁不妨提醒和带领你的下属，做好以下工作：

一、对选址附近的人口情况加以简单调查

家庭收入是消费者需求的重要影响因素。如果所在地区的家庭收入较高，自然会具备更高的消费需求，从而对其销售产生相当大的影响。总裁应该保证企业的市场分析部门能够在精确数字的基础上，对不同区域家庭进行相应的统计。如一个两口之家因为年轻化，因此购物时尚、个性，数量较少；一个三口之家，其消费需求大多会转移到孩子身上，如购买儿童

食品或玩具等等；老龄化的家庭，则购买产品会倾向于保健、健身和营养、休闲等等。只有清楚地掌握和分析了这些倾向，才能做到保证总裁的战略企划有的放矢。

同时，企业门店周边的人口密度，也会影响到经营战略规划的效果。总裁应该引导市场调查部门利用每平方公里人口数量或家庭数量进行确定，在一定地区内，人口数量越高，门店规模就应该适当扩大。当然，总裁还应该注意到不同地区白天和夜晚的人口活动特点会有所不同。

二、根据门店选址不同，策划出不同的竞争方法

总裁应该自我认识到，门店选址不同，竞争方法就应该有所不同。因为商业竞争是注定无法避免的，但选择不同的竞争方法，可以保证经营战略更加符合门店选址，从而迅速扩大经营战略的效果。

比如，总裁应该针对门店的位置推出乡音的专业产品，这样，就能规避一些不必要的竞争。同时，广告应当个性化、针对性强，对准地域中最主要的客户群体。另外，还应该适当考虑走竞合之路，即意识到竞争和合作并非完全对立的，也可以走向共存。

微软战略是否适用中国企业？

不容否认，曾经成功的经营战略必然有其成功的原因和理由，像比尔·盖茨这样世界顶级企业家所采用的经营战略，必然有相当的效果，值得学习和借鉴。但另一方面，总裁们也应该看到，这样的企业经营战略经验，

也是在其自身一定机遇、一定历史条件下才能够得到验证、发展和崛起的。

研究微软的经营战略，我们必须要认识到，微软的成功并不一定体现在其能够吸引人的那些部分。例如，微软快速而简单地复制产品，同时规避竞争，和IBM形成有效的联盟，从而获取软件份额。或者，微软先打开市场，再开办企业工厂，在流通上有效缩短时间，同时还扩大了整个市场不同客户的消费需求等等。

然而，这些并不是今天的中国企业能够简单模仿得到的。这是因为今天的不少企业中，总裁在前期就没有针对必要的环节下足工夫，没有研究好客户消费的特点，仅仅是依靠个人的经验和感觉来对整个市场作出判断。正因为他们缺乏那种“海面以下的冰山部分”，这些企业的内在能力才会不够。简而言之，即打造一个好的企业，必须要获得战略经营的优良发展氛围，必须要能够事先做好自己的战略定位，形成正确的运作机制，而不是只会从营销上入手来试图迅速打开市场，这种过程必然会充满各种艰难复杂的竞争和对抗。

再看看微软战略经营管理模式中，还有哪些具体的特点：

微软最先采用了相对扁平的内部信息传递渠道。利用这样的渠道特点，比尔·盖茨就能每天更多的接触到企业整体运营的不同细节。盖茨自己说，通过电子邮件，能够将企业内部的信息在最短的时间内进行传递。在20世纪80年代，盖茨在整个微软内部安装了电子系统，当时，整个公司只有12个人，但系统的魅力完全得到了体现——盖茨每天都会花数个小时阅读他的电子邮件，并且对之作出答复。在公司中，每个员工都能够直接将信息传递给他，而不需要经过任何部门、层级的中转。而盖茨也是唯一一个能读到这些邮件的人。员工们在盖茨的回复中，也可以得到公司的最新动态指示。这样，让整个公司都能够尽快运转、高效运行。

企业内部如此，企业外部也同样，盖茨让整个公司的人每天都去搜集外部信息，例如，做市场的研究、产品的分析、对市场进行分析、对技术研发提供信息的指导等等。

可以肯定的是，微软的经营战略是值得中国总裁学习的，不少中国企业无论对内对外的信息搜集传递都相当不够。但另一方面，企业总裁也应该尽量构建富于自身特色的信息交流模式。其中包括公关、员工和市场的信息。这是因为中国企业的总裁们很少和基层员工加以交流，企业上下经常在经营战略的思想上无法获得一致，导致思想上各自运行，出现分歧。因此，想要学会微软这种信息传递分享的模式，总裁必须要先学会如何进行开放，而不是马上建立一个看起来迅速的信息传递机制。

盖茨在微软的经营战略上还有一个相当明确的特点——用钱砸对手。

盖茨在微软发展进入关键阶段时，相当舍得投入资金。盖茨一旦发现，收购竞争对手公司的专利，应用于微软自身的产品上能够获得更多效率时，他都毫不迟疑地投入资金。例如，微软曾经为了拥有属于自己的数据库产品来和对手竞争时，盖茨马上投入 1.7 亿美元，从另一家公司买来程序。而早在微软开始创业前，他就从小电脑公司那里买来了 DOS 源代码，然后加以改进。甚至，微软还会花高价买下他人的公司，而原因只是为了获得那里优秀的程序员。通过这样的方式，微软得到的产品往往能够具备更多的优秀特点。

微软的战略经营特点，在中国企业中并不那么容易加以实现。保持企业的战略经营优势，很难仅仅通过购买其他公司产品而获得。因为目前中国一个企业所需要的技术和人才，在其他企业内部也并不一定就已经成熟，因此，对于总裁们来说，照搬微软的做法并不现实，只有通过建立中国特色的人才、技术的资本运营，才能保持企业应有的战略竞争力。

同样，在盖茨的战略经营理念中还表现出另外一个鲜明特点——他喜欢雇佣年轻的员工，寻找那些富有才华、能力出众的年轻人。这位从哈佛退学的总裁，尤其喜欢招聘刚刚离开校园的毕业生，以至于在整个微软公司每年新招聘的员工中，毕业生所占比例高达80%以上。这是因为盖茨认定，电脑的行业变化太快，必须要不断学习进取，而大学毕业生没有太多生活压力，容易为理想付出牺牲，更容易花费时间和精力投入在工作中。这样，盖茨会在自己的战略经营策略中，确定以年轻而有才华的人成为员工主力。

但是，在中国总裁看来，新人往往是最不应该被重用的。总裁们往往要找到“最合适”的员工，重点考察他们是否忠诚，而并不一定在乎他们是否最优秀，这明显影响了企业的创造力，影响了总裁的经营战略。一些重要的岗位如营销岗位等等，总裁们往往喜欢选用那些有充分行业经验、社会人脉关系的员工担任，感觉这样才能放心，可以保证企业的短期收益。但是，恰恰是因为这些人自身条件的原因，他们的流动性相当大，只要发现有更好的个人发展机会，或者由于同企业利益产生些许矛盾，就有可能带着企业的业绩一同离开。这样，总裁的经营战略无疑面对着相当大的风险。

因此，重用新人、挑选信任和用好新人，应该是每个企业的总裁要适当考虑的问题。从这个意义上来说，微软的这种经营战略特点，值得中国企业学习的道路还依旧漫长。

总裁们应该从哪些方面学习微软的经营战略模式？

一、抓住信息的源头和中间渠道

结合中国特色而言，信息的源头和渠道，首先从政策资源来抓。总裁一定要懂得社会公关和打开人脉渠道的重要性，这样，信息才能第一时间被你获知。其次，要加强执行力的管理，只有企业内部员工的执行力上升，执行力的管理体系有了更多的成熟进步，可以处理和划分足够的信息，才能保证信息得到迅速针对性地分类，并加以了解。最后，总裁还应该学会让企业做到应有的开放发展，过于封闭的企业，意味着总裁只能了解自己原来所了解的，而不够了解自己的对手。因此，即使不能打造出一个新的合作模式和行业上下链条，总裁也应该建立一定的信息开放机制，从而更好地了解企业内外的信息。

二、在购买之后加强投入

中国不少企业的确具备购买竞争对手或行业新秀的能力，但在购买之后，总裁应该意识到仅靠购买是不行的，还需要加强实际的合作。例如，加强人才的资本投入，充分建立人才的合作机制，这样，整个企业将会拥有资源的共享可能，从而让人才在企业内部获得良好地发展和收入。当然，对人才的合作，还应该有一定的管理策略，稳定人才的情绪和想法，保持他们的稳定性。除此之外，总裁还应该让企业内部建立充分的技术投入，打造良好的技术合作平台，让技术不断获得进步。

三、对新员工加强利用，获得新的价值

总裁应该保证企业充分了解新员工，并根据他们的各自特点，确定其

使用策略，从而做到风险的规避。企业还应该管理好包括老员工在内的一切员工，否则，无论是年轻人才还是成熟人才，都可能对企业产生危险。总裁还应该认识到，想要获得所谓的专门人才，必须要充分投入成本，盲目求全，希望在人力资源上节约成本，常常会导致经营战略的全面失败。

第八章　营销战略：企业更受欢迎的秘密

库尔斯的营销哲学

营销，是一个企业战略规划能否实现的保障，也是将战略思想转变成为实际方法的渠道。研究分析那些西方企业已经完成的营销案例，不仅能够帮助国内的企业总裁们应对在开拓市场过程中所遇到的困惑，更能够帮助那些已经在市场中处于劣势的企业获得“逆袭”的胜利。

在西方诸多营销案例中，库尔斯啤酒公司在企业的营销过程令人印象深刻。

截止到20世纪70年代，库尔斯公司在啤酒界中都算相当庞大的企业。库尔斯啤酒从成立开始，始终都生产一种啤酒产品，只拥有一家啤酒厂——全世界当时最大的啤酒厂。库尔斯公司一直不开设任何分场，也不增加任何销售网点，以至于他们的产品需要从酿酒厂到最大消费市场，需要驾车从科罗拉多州一直到加利福利亚洲，距离共是1440公里。同时，这家企业的广告在长达33年内也从未更换过一次。

即使如此，在库尔斯啤酒最辉煌的时候，他们在全美的9个州平均市场占有率高达30%，而在加利福利亚，其占有率曾经达到41%，在俄克拉荷马州，则占据了70%的市场。这样的业绩让行业老大都会为之羡慕。这家公司的总裁一直认定，企业的经营重点应该围绕产品质量，而并非市场，他们依然主要控制原料来源和酿造过程。

例如，对原料该公司经过不同的科学方法加以处理检测，对其中的啤酒花、大米、矿泉水和特殊的大麦，都不惜血本而加以质量上的提高。他们不采用常用的灭菌方法，而是将啤酒密闭到容器，从而在零度左右的环境下运送到冷库中，同时，公司还对销售商作出要求，60 天内没有销售完毕的产品，应该全部撤出柜台。

库尔斯的产品有着相当神秘的成功因素，而企业的保密意识也相当强。例如，这家企业不同外部力量合作，而是自我完成促销广告，自己设计完成酿酒厂，自己的工程师设计生产设备，不同部门的管理人都是内部提升，从不搞对外招聘空降的事情。另外，该公司的总裁还坚持不贷款，导致企业多次错失扩张机会。

然而，当库尔斯啤酒真正开始打算扩张的时候，却遇到了自己的瓶颈。

占销售总量大约 40% 的加州市场，销售商开始联合抵制该公司，原因在于该企业没有征询意见，就对零售商的产品进行提价。另外，竞争对手乘机在加州开设了一家酿酒厂。这导致库尔斯在加州的销量开始下降。

接着，到 1975 年，政府对库尔斯公司的调查展开，他们试图介入调解库尔斯公司对零售商的控制，然后是指控该公司内部的民族歧视政策，连地方政府都指责该公司污染当地的河流环境。

在种种原因之下，库尔斯业绩下滑，到了 1977 年更是遭遇了严重问题，开始被迫削减他们的产量。在这种情况下，总裁只好承认，单单对质量严格把控，已经远远不够了。而乘此机会，竞争对手开始迅速在他们原本占据的东部市场进行扩充，库尔斯啤酒原本的神秘感开始消失，啤酒业的新增长，全部被他们的对手所占有和获得。

为此，库尔斯终于开始推出新的产品。到了 1984 年，库尔斯进入东南市场，大量利用广告，并采取高利润以刺激零售上。到1987年，由于企业内部矛盾终于解决，工会结束对该公司的抵制，加上企业用在广告上的花费接近2亿美元，企业的形象终于进一步好转。到了1988年，不断推出的库尔斯淡啤酒、库尔斯金啤酒等等，开始获得了新的收益。到1990年，这家公司终于又焕发了新的青春，在全美啤酒业的排名升到了第三位。

库尔斯公司的兴衰，反映出了总裁营销战略的重要性。在企业的早期阶段，该公司仅仅通过一种产品的生产销售，就完成了资本的累积，同时，他们用特殊而令人印象深刻的手段，对这单一的产品进行销售。实际上，这就是在持续用一种形式，经过长时间的传播，将产品形象持续地植入消费者的印象中，从而保证自己的产品能够成为市场中影响最大的，而其营销战略的简单又加强了那种神秘感，带给消费者更多的想象，并进一步推动产品所受到的欢迎。

实际上，这种营销战略在某些时间和环境下，经常能产生优异的营销业绩。例如，同样在美国，福特公司几十年都只生产汽车这一种产品，甚至连汽车零件都不去碰，成为了全美国最成功的汽车生产制造企业。而对于库尔斯啤酒来说，这样的吸引力还能够成就其“环保特色”，即利用城市地区的人们对西部地区的神秘感，打造环保纯净天然特色，而具备了独一无二的诱惑感，受到广泛的追捧。但是，正如本书前面所提到，这样的神秘感，并非来自于企业内部根源性的特点，而是外部所赋予的。一旦这种神秘感被打破，企业将会因为竞争力的失去，而导致业务链条的松散甚至断裂。这一点，在库尔斯中期的失败中能够看得相当清楚。

分析库尔斯失败的原因，有以下几个方面：

1. 缺乏竞争的意识，难以真正融入竞争的市场；

2. 缺乏合作的意识，不愿意站在战略高度，打造行业链条；

3. 缺乏营销方法，不愿意从广袤角度来观看整个市场、建构营销模型。

该公司的总裁只是一味关注产品的质量和设备的好坏，而不进行深入实际地观察市场动态，也很少考虑产品的具体销售情况。

实际上，营销战略应该是总裁确定企业发展的第一战略，无法利用营销战略的总裁，最终都会无法赢得企业之间的竞争。任何情况下，总裁都应该清醒地意识到企业应当采取怎样的营销战略参与到竞争中去。因此，营销战略必须要充分考虑到：一是竞争的对手在状态上如何变化，二是竞争对手在数量上如何变化。并因此而制定成功的战略步骤和执行方法。

对总裁来说，可以按照下面的方法推进营销战略：

一、企业起步初期，集中注意力在单一产品上

中国企业的总裁，大都喜欢追求庞大而齐全的产品品种，喜欢根据市场调查中的不同需要和不同价格定位，尽可能地去开发不同的产品品种。之后再一股脑全部投放到市场中，从而企图获得迅速而广大的市场占有率。但是，总裁要明确，营销战略之所以应该存在，目的是为了帮助企业在专区上获取利润。如果不梳理正确的营销战略重点，就无法获得足够的利润，即使不同的产品都能卖出去一小部分，占据的市场份额依然很少，对企业来说又有什么意义呢？

因此，总裁必须要学会加强单项产品质量，抓住企业强项，在领域内先做大，拥有更好的营销战略模式，成为行业领导者，利润也就会得到不断提升。

二、重视品牌的内涵

中国企业所拥有的产品品牌的确不少，投资巨大，但是观察现状和历史，却鲜有库尔斯啤酒这样在前期几乎很少投入广告的情况下，却占据市场的。总裁们要明白，只有当一个品牌打造出了内涵之后，才能让消费者更加主动地了解和接受。这种内涵可以是一种文化、是一种理念、是一个故事，甚至就是一种神秘。

三、结合企业发展状况，采用营销战略模式

多元化战略和单一化战略并不是对立的。多元化业务，可以相当程度地分担总裁和企业的风险，单一化业务也会带来更大的压力。总裁们应该结合企业的发展阶段、管理层对企业发展的认识来具体选择。在企业创业初期时，采用单一化战略更容易建立品牌，当企业发展到一定程度面对众多对手时，多元化战略无疑可以规避风险；对于有远大愿景和长期目标、并拥有相关资源的企业，多元化是很好的选择，但对于并不太愿意承担风险的稳健型总裁来说，暂时单一化可能是理想的选择。

要不要做广告？

今天的广告营销，已经进入了一个新的时代。在改革开放初期出现的那种因为一条广告而万人空巷购买产品的事情，很难再现了。对于今天的中国企业来说，他们的共同感受是：广告越来越难做，广告效果变得越来越平庸化。甚至有一些企业提出，根本不需要做广告，而是将广告投入的

资金全部投入到产品质量上，以满足客户的最根本需求。当传统广告营销模式受到充分挑战时，总裁们应该运作哪些资源来建立新的广告模式呢？究竟是否应该继续推进广告？看一下哈佛商学院的案例：

七喜汽水，在刚上市时，并不叫目前的名字。当时，产品的主要消费群体定位是哺乳期的母亲，并期望用母亲来影响婴儿，以便他们在此后成长历程中能对汽水品牌有充分好感。缘于此，当时七喜汽水的名字叫“围裙汽水”，其广告宣称最适合小宝贝的肠胃。

一段时间之后，总裁格里格决定改掉产品名称以刺激销路。他从一家糖果公司买来了七星的名称，这是因为该公司原来生产的是七种口味的奇爱科里。但是，即使改换了这样的名称，这种苏打汽水销量还是一般——该产品在广告中依然告诉消费者，喝他们的产品能够消除过多胃酸，甚至治疗胃病。显然，这样的宣传已经不适合社会认知，同时也和其他对手的广告动态完全不相符合了。

到 1942 年，七喜决定和汤普森广告公司合作，强调适合家庭的温馨和愉悦场景，迎合了战争时期人们的特殊心态。这样，七喜汽水终于一飞冲天，成为全球销售排名第三的常规饮料。

1959 年，广告公司帮助七喜设计了一些用人物来命名的卡通动物，这是利用了广告的 3B 原则（即 Beauty 美女、Baby 孩童和 Beast 动物）。不过，这些动物对于产品销售的影响也并不大。

战后，七喜经过一段时间的调整，在 1968 年提出了强大的广告营销战略概念，“非可乐”。在当时，面对着可口可乐和百事可乐对市场的迅速分割，七喜针锋相对地提出这样的概念，显然表现出了自身的差异性。同时，利用了美国整个社会都存在的反权威、反传统立场，掀起了革命性的风暴，让七喜产品的销量大涨，甚至卖出了大量的附属产品，如“非可乐”台灯、“非可乐”玻璃杯等等。到1974年，七喜拿到“非可乐”商标，同时还参与了不少重大活动，以彰显其独特地位。但问题是，七喜很快就放弃了“非可乐”的活动，他们又展开了新的宣传攻势，例如，“感受七喜”和“七喜随美利坚欣欣向荣”等等，这些活动实际上成为了七喜广告战略的错误转向。到20世纪70年代末，由于社会对咖啡因对人体健康的重视程度增加，七喜又一次在广告中提出，他们“从来不含，也永远不含”咖啡因，但销量反而因此下跌——可想而知，在“非可乐”之后再弄“非咖啡因”，当然无法引起消费者应有的好感，反而让他们觉得失望。

直到此时，七喜再次重新捡起了“非可乐”战略。但遗憾的是，到了80年代，人们已经没有了当年那种激进反传统的意识，当时一度引起充分关注的“非可乐”，在新的广告模式中却并没有产生七喜想要的效果。由于此时百事开始扩张，七喜在海外营销的业务被百事收购，曾经一度辉煌的企业最终成了百事的手下败将。

七喜汽水的广告战略起伏，足以说明广告的必要性。事实上，广告并不是应不应该做的问题，而是怎样去做的问题，即企业不可能在没有广告因素的营销战略指导下取得成功，但错误的广告因素，也可能将整个营销战略导向失败。

在七喜的早期广告策略中，显然有其缺陷：

1. 它采用了间接性地影响方式，即“购买者并非消费者”这种情况。另一方面，它又将消费者的受益点放在小宝宝的感受上，但婴儿显然是无法直接表述其感知的，只能依靠购买者即父母去观察而获知，但这种观察获知的方法又没有详细步骤，显然，这样的广告并不能起到很积极的作用。

正因为广告指向的对象并不适合，也不单一，广告效果才会显得平庸。这是总裁们应该从七喜汽水所得到的第一个启示。

2. 在七喜采用“消除胃酸”等概念进行广告营销的过程中，其广告战略显然也充满失误。该企业总裁在引导和制定广告内容时，缺乏对竞争对手发展动态的关注。因此，导致企业广告诉求不准确，缺乏科学根据，没有做到深入挖掘。

第二次世界大战期间，七喜产品逐渐走向上坡路，同其广告变化有很大关联。由于当时的广告联系着整个社会的感情需要，这样，才能让消费者群体在内心减去设防，从情感和心理上逐渐接受产品，并拥有号召力。同时，产品和家庭生活的结合，也能把握到消费者的共同追求，这样产品才能满足消费者的价值需要。

此后，七喜对卡通形象的设定则显得缺乏一定方法，卡通形象应该能够表现出具体的产品内涵和精神，通过拟人化的形态，让产品形象深入人心，从而对品牌的地位进行巩固。同时，产品形象还应该和消费者产生联系或者共鸣，甚至直接代表消费者，但七喜总裁所认可的卡通形象，在当时不仅没有表现出对这些原则的尊重和应用，也没有实现预期的效果。

3. 最让七喜感到遗憾的还应该是对“非可乐”的放弃。直到今天，差异化实际上对于那些小企业或者刚刚起步的企业，都是相当实用的广告战略模式。通过这样的模式，消费者将能够充分接受产品特点，并为之而吸引，在这种基础上进一步开发广告优势，就能够初步建立起企业的应有形象，并相应提高利润。

从七喜的广告战略发展过程中，总裁应该获得以下的受益和指导：

一、对广告的概念必须要加以充分聚焦

广告是营销战略中的重要组成部分，是企业核心和理念的延伸和表现。因此，每个成功的广告，都会包含一个良好的概念，这个概念能够帮助用户对产品加以准确认知和充分记忆，并进而认识到产品的比较竞争优势。

总裁应该带领下属，充分发现产品特点、技术内容、理念内涵和产品文化中能够引起聚焦的因素，并将这些因素同广告商进行充分共享，这样，广告才能有良好的聚焦可能，而并不是表面化的单一概念。

二、广告概念必须在一定程度上领先于时代

完全同时代脱节的广告当然无法引起消费者的喜爱和接受，只能体现当下时代而不能创造性地提出领先概念，也会让营销战略滞后。总裁不妨设计一些领先于时代的概念，如“非可乐”令整个社会都耳目一新的概念融入广告。同时，还应该抓住时代特征。在有限的时间资源内加以密集轰炸，从而保证产生持续效果。如七喜那样半途中断，再重新捡起，即使曾经领先时代，也无法得到真正良好的效果。

三、广告概念应该能够让市场迅速接受并加以区分

广告的概念应该形象化，同时具有一定的内涵。另外，还应该符合科学、符合大众的认知程度和认知习惯。只有提出这样的产品概念，企业战略营销中的广告因素，才能同其他竞争对手的广告加以有效区别。因此，企业的总裁应该关注如何在广告中提出可以让消费者感兴趣的概念，还应该关注这种概念是以怎样的形象让消费者理解和接受的。

市场营销能带来多少利润

企业是依靠市场营销才能生存下去的，营销战略是否成功，取决于能否将产品有效地销售出去，从而让企业继续存在于市场，并通过高效、快速和低成本的过程来进行营销的循环——这实际上是营销的战略问题。在思考这个问题时，企业总裁必须充分关注市场，因为几乎所有关于营销战略成功与否的答案都在市场之中。对市场的研究，应该成为企业总裁的关注内容，尽快挖掘出面对市场时企业战略应有的内涵，并加以充分提炼，整合出更好的战略运行模式。

任天堂是日本一家经营家用电子游戏机和游戏软件的公司，在一段时间内，这家公司成为了世界第一的游戏公司，曾经超越本田成为日本盈利最多的公司，创下每个员工平均带来150万美元利润的奇迹。那么，任天堂是怎样从市场中获得这样的神奇业绩呢？

任天堂善于利用市场，这家公司并不自己的工厂中生产产品，而是将所有的生产任务都通过合作方式交给市场内其他工厂，并通过生产指导方法同他们合作。这样，使得生产成本大幅度降低。任天堂能够将自身的优秀研发成果通过市场应用在不同厂家，这样，任天堂自己所花费的研发成本更为集中。同时，任天堂不需要面对大量人员的成本，其每年工资总额，也只占到销售成本的2%。

在产品上，任天堂之所以能独树一帜，也是因为对市场进行深入了解研究的结果。当时，其他企业对家用的电子娱乐市场认识不清，迟疑不前并保持观望。但任天堂的总裁山内认为，市场存在着对游戏的需要，他进行了深入研究之后决定进军这个领域。不仅如此，任天堂的设计思想是典型的从用户角度出发的。山内说："决定市场动向的，并非硬件能力，而是软件的人气。因此，如果做不出那些让人觉得好玩而想玩的游戏软件，再怎么进行对市场的开拓也是无法成功的。"在认识到这样的现实情况后，任天堂公司集中了大量优秀人才，对游戏进行开发，不管是对于游戏软件还是硬件，该企业都能做到尊重市场的规律，而不强行要求人才必须要在某个时间段交出任务。这是因为总裁山内认为，想要制造出能够让市场用户满意的软件，必须要同时具备三大条件：一是开发队伍的能力，二是开发队伍的工作质量，三是时间。根据市场的反映结果，与其将时间定死，要求员工们一年设计开发出两三件产品，平均每件最多卖个十来万套，不如花两三年时间，作出一件产品却能够卖出几百万套。

在这样的市场思想指导下，任天堂拥有了正确的市场营销思路。他们的手持型游戏机"GAMEBOY"大受市场好评。截止 1996 年，总销售量超过 4000 万台，连美国总统老布什都曾经爱不释手，前苏联宇航员也将它带上太空。

值得关注的是，任天堂产品打入美国的过程也体现了山内对市场的准确把脉。美国是全世界计算机技术最发达的国家，当时，其电子游戏软件研制能力已经有了相当的基础，并曾经掀起过消费热潮。但山内认为，电子游戏产品的成功，同一般 PC 计算机不同，其重点并非在于文字能力、数字能力，而是取决于其体现出来的图形变化速度、音乐、剧情、操控感等等。这些恰好都不是普通计算机所关注的功能，同时，计算机的键盘操作也不是当时的儿童所喜爱的。软件上，差别则更加明显。游戏机的软件需要各种艺术的综合汇总，包括优良的文学剧本、精心设计的人物角色造型、贴合主题的音乐配合等等。为此，任天堂打算利用自己的特点取胜，他们很快推出了NES即任天堂娱乐系统，该系统外形美观、操作便捷、图像清晰，从而获得了美国未成年消费者的喜爱。六年内，在美国一共卖出了3000多万台，超过了在日本本国的销售量。此后，任天堂又进军欧洲市场，一年内就卖出了800多万台。

当然，除了总裁对市场的准确把握之外，任天堂企业还有更多具体的应对市场促销和广告的方法。

无论推出哪种新机型，任天堂都会将优秀的游戏软件和新机型相互配合加以推出，比如，FC机与“超级玛丽”，GAMBOY与“俄罗斯方块”等。这样，软件和硬件之间的相互配合，让更多的人为了软件而去购买硬件、或者为了游戏而购买机器，而在拥有了硬件之后，他们又会继续关注任天堂之后推出的其他游戏软件。通过这样的捆绑和配合，体现出产品销售的相互关联性。

任天堂善于进行品牌搭载的营销，即将自己的品牌和其他著名品牌进行相互搭载捆绑。在1988年圣诞节，该企业联手百事可乐，在电视媒体上进行搭配销售活动。1989年，选择和麦当劳合作，同样取得相当不错的成绩。

任天堂还习惯用活动加以促销，并制造能够充分吸引眼球的感觉。1989年1月的世界电子产品展览会上，任天堂的站台占地将近四万平方英尺，其背景采用了巨大的黑色幕布，上面写着主题“死星”，引起了充分的关注和轰动。1989年，公司举行了“俄罗斯方块”大赛，优胜者可以免费去当时的苏联旅游。1990年，任天堂举行了耗时8个月的全美国电子游戏比赛，掀起了新一轮对产品关注的热潮。类似这样的商业展出和大型比赛，都是树立企业形象的良好促销活动，充分扩大了企业的影响，提高了企业的知名度。

通过对任天堂市场营销战略的分析，将其中的战略思想精髓进行归纳，以便总裁们在日常工作中积极学习和借鉴。

一、充分保证利润

不管市场营销战略看起来如何精妙，总裁都应该认识到，在企业已经获得高效经营能力的前提下，进行市场营销战略的推进，是为了实现企业整体运转实力能够得到良好提升，并保证企业可以获得充分的利润。因为企业有多大的利润空间，就有多大的活动空间，这样，企业才能实现良性的循环。如果没有利用市场营销打开这样的空间，企业面临的风险就会加大。因此，总裁要确定市场营销战略能够保证为企业带来较高利润空间，并为企业的成长和发展带来充分余地。

二、丰富对市场调研的手段

市场调研水平，直接影响市场营销战略制定的水平高低。目前，市场调研的问题有着不同的缺点：信息来源缺乏准确性，无法准确体现真实情况；以假设为前提，其结果并不真实；处理市场调研获取的信息不对，过程错误。

总裁必须强调利用各种新技术、新方法，获得关于产品接受和消费的信息，从而进行全面客观的市场调研，并针对产品总结出其中的有效信息。最好能在产品研发之前，就开始进行市场营销，或者进行体验式营销调查等等。

三、抓住促销活动特点

促销分为降价和非降价两种。不少总裁并没有明确活动的本质内涵，暴露出主题不够明确的缺点。实际上，促销活动，并非只是为了提高销售，也是为了推进买卖关系和强化市场黏性。因此，促销活动一定要让客户得到真正的收益，通过企业、产品和客户之间的有效互动，打造出良好的广告效应，而不是为了活动而活动，或者为了促进体验而进行活动。正因为如此，总裁应该强化促销活动中的广告效应，利用消费者的追求实惠心理、性价比心理等，进行充分的促销活动。

第九章　人才战略：留住人才，赢得天下

培训的力量

在目前人力资源并不充分的条件下，如何让企业获得更高的执行力，并形成集体上升的士气和能力呢？答案是培训和激励手段。与其将希望放在企业之外，寻找那些不知道在哪里的适合人才，不如换一种心态和眼光来看待企业内部，从而打造和培养企业的本土人才。

培训的重要性，主要体现在其表现出来的改造力量和提升力量上，从某种程度上来说，培训就是一种革命，是一种对原有人才能力结构和工作态度的颠覆。因此，真正有价值、起到作用的培训，应该是在市场中的实战培训，而不仅仅是在教室中的那种课程培训。无论是哪种培训，对于企业来说，只要运作到位，都能够做到更快、更好地提升整体运行能力。

企业对员工的培训，不仅是对员工个人的关注，也是推动企业自身发展的根本战略。这样的战略，能够充分保障企业的执行力、彰显企业内部的文化，提高企业集体的反应灵敏程度。但问题是，中国企业的总裁并不太关注培训，即使培训，也只是随机想到的一种企业活动，根本谈不上计划和战略。另外，企业在总裁的影响下，还可能将培训当成一种“无用的成本”，这样，培训在企业战略中的地位就会更低。

但实际上，培训不仅在于对员工技能或操作上的训练，还包括对他们工作思想的培训。在企业内部对员工思想加以统一、对他们协调作战

的能力加以训练，才谈得上形成强大的人才战略，从而建设出有效执行的团队来。但问题是，不少总裁无法认识到培训的力量，一旦出现问题就会推脱给企业竞争对手、市场客观情况或者企业内的具体部门，但是，真正的矛盾，通常都表现在企业内部的人力资源问题中。这是因为人的因素属于内部管理的因素，可以实现有效控制和管理。这样的控制和管理，才能有效保障企业的内部系统正常运作和循环，即使在企业出现问题时，只要拥有稳定的人力资源队伍，依然可以最大限度地降低企业面临的风险、甚至险中求胜。

来学习一下松下公司在人才培养方面表现出来的理念和举措：

松下公司在对企业内部人才的培养和训练方面，有着长期的优良传统。该企业根据人才特点，制定出长期人才的培养计划，不断开设不同方面的研修和教育讲座。同时，他们并不太习惯聘请外来人才，这是因为在日本，对于企业的忠诚表现是衡量一个人职业道德的关键因素。如果能够被松下挖来的人才，将来也显然会为了自我利益而背叛松下。因此，松下更多的是将注意力放在自我人才的培养上。

总裁松下幸之助曾经这样说：“人才是可遇不可求的，我们不能对人才只是进行外表上的鉴别，也不能从人才的效应中期待急功近利的目标，领导者不应该操之过急。”同样，松下企业认为，吸引人才的手段，并非靠高薪，而是靠企业精心打造和树立起来的经营形象。

例如，新人前来应聘，只要这个应聘者有充分的人品，松下会同意招收并让他参与学习，而并不一定选用那些看起来有经验的人。在公司招募过程中，资历和学历较高的人，也不一定就会选用。因为松下认为，人员的雇佣，应该适合公司的要求，学历和工作经历表现超过标准，并不一定有用，甚至会带来负面效应。

正因如此，松下即使是亲自选拔人才，也并非看重学历经验，而是将人品放在考察的首位，观察这些新员工是否值得培养，即人品好、诚信高，能够脚踏实地工作，同时愿意为公司奉献自己的时间和精力。

从松下公司表现出来的人才培养战略观上，总裁们应该意识到，培养人才的重点，首先不是在具体的过程上，而是对人才培训战略意义的认识上，在人才具备何种条件才能接受良好的培训上。一般来说，中国总裁经常会出现下面的问题：或者是容易产生依赖性，对曾经有过辉煌职业经历的“能人”产生过多依赖，最终发现并非如此；或者是对企业员工的挑选标准过高，忽略了怎样的人才才能便于企业之后的培养。因此，总裁可以从以下方向加强改进和变化，将企业人才战略调整到最合适的航向位置上。

一、对人才培养做好两种准备

在企业对人才进行自我培养的过程中，也要对人才进行不断发现和挖掘，通过培训来完成这样的发现和挖掘，然后进行相应跟踪考核、实现筛选与升级，培养出理论和实践共同结合的可以为企业所用的人才。这样的操作需要一定的时间周期，有可能会让企业的发展速度受到影响，因此，总裁需要引导管理层做好人才培训，引导他们做好人才储备的工作：包括不断挖掘企业内部的新人，通过竞争机制让新人出现在挑选范围中，还要加快人才流动。

二、建立人才挑选制度的全面标准

总裁应该做到：一是看人才是否具备快速的思维方式和成熟的思维体

系，因为这些方面能够体现出新员工的潜力是否能在培训后得到激发；二是看执行力。可以通过面试和实验，观察新员工的工作理念、思想方法是否能在工作过程中充分地体现出来。

打造学习型组织

总裁们应该意识到，一个企业越是对新员工有着较多期望，也就越应该有独特的培训体系。企业的培训并非是无本之木和无源之水。在对员工进行培训的同时，如果企业不能着力将员工队伍打造成充满学习精神和意识、掌握了强大学习、讨论和进步能力的群体，企业提供再好的学习机会恐怕也难以收到实际的效果。

在松下公司中，培训和学习能力的提高已经融为一体，可以说，员工的培训过程，就是对他们学习能力予以加强提高的过程。

在松下总公司，下属有八个研修所和一个高等职业学校。其中，中央社员研修所主要培训不同级别的领导干部；制造技术研修所，主要培训不同技术骨干；营业研修所针对培训营销人员；海外研修所的主要参与者则是国外工作人员；四个地区的社员研修所，分别负责企业在该地区的工作人员。松下电器高等职业训练学校的学习者，是那些刚刚从高中毕业的青年职工们。

正是因为松下公司将人才的培养和学习力训练结合在一起，因此才拥有了对人才培养、团结和使用的方法。在体制加以确立之后，该企业中的企业家、专家、中层领导中，不仅有着高学历，同时还有很强的学习能力，不少人学习了一门以上的外语，并经常出国学习考察、拥有广阔的知识面，他们精明能干，期待对市场加以占领，提高企业的业绩。

可以说，培训不仅作为了松下公司的常规业务而加以进行，而且成为了一种企业的文化。在这种文化下，企业的员工将能够具备越来越强的学习能力。

松下公司在对人才进行培养的过程中，不仅注意培养人员的技术和经验，同时，也注重培养他们对学习的追求和健康向上的工作积极性。同时，还注意培养员工对细节的注重和对工作环境的适应感，从而让员工有充分的责任和归属感。

实际上，松下公司的人才教育，从新员工们加入公司就开展起来了。凡是新招收的员工，都需要进行长达八个月左右的教育培训，直到他们获得应有的学习能力之后，才能分配到各自工作岗位上。

为了让事业得到迅速的发展，松下公司的人事部门还通过下列的方法帮助员工进行自我学习能力的训练：

一、自我学习申请。在松下公司，任何员工在适应工作的前提下，通过学习过程自我提升之后，都可以主动向人事部门申请调动和升迁。经过考核，才能够提拔使用。这样，员工的自我学习积极性就会大大增加。

二、公司内部招聘制度。当企业内部职位出现空缺时，人事部门能够面向公司内部提出公开招聘，根据员工在平时学习过程中表现出的业绩和能力来招聘适当的人选，并不一定必须会在原有部门进行论资排辈。

三、企业内部留学制度。松下公司内部的技术人员，大都能够通过自我提出申请、或者公司批准、在公司内部设立的技术或者教育训练中心学习基本或提升的知识。而公司则能够根据其本身业务的发展需要，优先对那些表现出优秀学习能力的人进行培养。

四、面向海外的留学制度。企业定期派出技术人员和管理人员，到西方加强学习，通过他们学习的过程，这些员工将在欧美、亚洲等地区获得更广阔的知识和锻炼，从而迅速提高自身的学习能力。

作为企业的总裁，应该通过自身示范和实际引导，鼓励企业内部的员工加强提高自身的学习能力，并打造出学习型员工队伍。

中国企业的总裁学习松下的方向是：

一、注意对员工“软能力”的培养

总裁不仅要关注员工赚钱能力，还应当关注员工的软能力，包括人格培养、精神教育和人才培养。通过这样的方式，总裁将能够让员工一级一级地获得对公司创业动机、公司企业传统、公司使命和目标的了解，从而形成必要的向心力。

二、注重培养员工的基础能力

1. 普遍能力

所谓基础能力，并非是指员工自身的技术能力，而是指员工在不同岗位上都需要的普遍能力。包括员工对工作中不同事物的价值判断，对是非正误的看法，以及他们的工作习惯。

例如，总裁应该着力训练员工的细心能力，因为细心与否，看起来似乎并不是最终决定企业利润的关键性因素，但实际上，细节有时候是相当关键的，很可能会影响大局。这是因为整个市场都相互关联，如果员工无法保持充分的细心习惯，就很可能给业务带来损失，给企业造成灾难。因此，这种细心表现看起来并不重要，但实际上值得总裁的关注。

2. **竞争意识**

对员工的竞争意识应该加以提倡。总裁在推进企业文化时，应该充分提倡竞争意识的正面作用，从招聘到培训再到实际工作过程中，都应该有意识凸显由竞争带来的强弱差别，引起员工的足够关注，这样，员工才能因为相互之间的比较，而产生自我督促的力量。当他们拥有竞争意识之后，才能充分地发挥自身的潜力。

三、采用良好全面的人才标准激励员工

人才挑选标准，决定了人才队伍向何种方向发生变化。总裁必须意识到，企业对人才作出怎样的引导，将会导致每一个员工会如何表现。而建立良好全面的人才挑选标准，会成为员工自我行动的充分动力。因此，总裁应该更多关注员工所表现出来的道德，对员工更好地进行全面了解，然后，结合他们的现状，制定出他们能够做到但又需要足够努力的标准——无论是对其具体工作表现，还是自主管理的能力。只有这样，才能做到用道德感去约束和促进他们，同时又能够用利益和制度来推动他们的进取。

创意激励人才进步

中国企业最缺什么？

中国企业最缺的是创意。无论是面向市场的营销战略，还是面向企业内部的人才战略，都缺少足够的创意。对外，创意可以决定一家企业的营

销业绩高低，对内，创意可以影响人才进步的速度，甚至带来整个企业文化面貌的不同。从这个意义来看，总裁更应该看重创意的激励作用，并具体应用到人才队伍的管理中。

看一看世界著名的企业，是如何利用对创意的重视和强调来提高人才队伍素质的。

在美国，明尼苏达矿业制造公司是持续进行创新的代表企业。这家企业经常以超越同行的速度，不断对新技术领域加以开拓创新，不断推出新的产品、新的技术。该公司的过人之处，尤其体现在将创意与用人相结合的机制上。

明尼苏达矿业公司的典型做法如下：

1. 在企业内部，将不同部门的规模适当缩小，保持人员质量和素质的精干。部门的领导能够因此对其属下的工作特点、技术专长、学历背景和工作习惯等等都充分了解，从而便于对员工的特点作出综合利用。

同时，部门领导能够提供充分的机会给每个员工，允许他们利用自己的能力来研制新产品或者发明新技术，并允许他们失败，而并非总是以批评方式导致他们创意热情的下降。部门领导还会提出具体的要求，如要求技术研究人员、销售人员和管理人员经常要接近客户群体，了解他们的意见，并总结出心得，从而加强企业的产品更新换代。

2. 在制度上，积极奖励主动作出创新的员工。公司中的每个员工提出不同的新方案后，都会由员工本人组成行动小组，对方案进行开发和尝试，而小组中的员工获得怎样的奖金和晋升机会，也同小组的创意进展情况有效挂钩。因此，当员工中出现创意较优秀的个体时，他们总会有可能通过自己的创意获得足够收益。

该企业在对待员工的创意上会保持一定的科学态度，并加以慎重对待，这表现在该企业的管理层极少否定和扼杀员工的创意项目。如某些方案在一些部门并没有被重视的情况下，员工可以用一定的时间和方法来证明其方案的可行性。同时，对于能够提出最好方案的员工，企业将会授予充分的奖励，如5万美元的奖励，在企业每年多达90多次。

在日本，花王化妆品公司也拥有这样的创意形式战略。该企业将业绩的提高同对员工的创造性开发紧密结合。使得企业在市场竞争中，获得充分的发展。

花王公司要求员工都要做到“突发奇想、主动开拓”，从而为企业带来新意。例如，任何人在公司内部获得晋升、加薪和奖励的时候，都应该先对其创造能力进行有效评价。这样的评价主要集中对员工创造能力和创造成果两方面。为此，该企业的人事部门还专门建立了一套针对性的评分制度，由上级、领导或者客户对员工的思维和行动以及具体的工作成果进行综合评分。

在这样由上到下都对创新给出重视的氛围中，花王公司连续推出了不同的新产品，包括高效洗涤产品和生物技术洗衣粉等，使其在市场竞争中获得了应有的主动。

通过上述案例，我们应该充分认识到，创意经济早已经来到我们身边。在这个时代下，创意是企业应该关注的稀缺资源，是不同企业将个人价值提升为组织价值的重要方法，同时，也是对人力资源进行管理的主要方法特点。

当然，从创意的普遍意义来说，每个人都能够进行积极创意，但是，创意的价值体现，主要在于是否能积极的转化为企业利润。只有当创意经过员工的思考加工，才能形成新的生产技术或者方法，从而有效促进企业生产效率的提高。另外，我们还应该了解的是，单纯的创意对于企业来说是缺乏意义的，创意必须能够与事实相接轨，从而体现出价值来。

客观地说，不少企业已经认识到创意的重要性，但大多数企业总是喜欢利用外部资源来解决自身缺乏创意的问题，这样做，不但让企业承担了太多风险，而且还造成成本的过度浪费。要利用创意进行人才队伍的培养，必须要提高以下三个方面：

一、建立企业自身的高层创意机构

总裁应该在企业内部推行创意运营机制，将创意工作和企业内部的经营工作进行充分的结合，从而实现良性循环。一些企业的总裁虽然设置了高层创意机构，但并没有发挥出应有的作用。实际上，总裁需要做的，应该是将这些创意机构的工作价值同具体的日常管理经营工作进行有效的对接，这样才能表现出其应有的价值。

当然，高层创意机构的建立包括两个渠道，一方面是来自社会层面的人才，他们可以在企业内部兼职或者挂职；另一方面可以是企业的内部人员，他们可以在外部人员加入的前提下，积极发挥自身的优势，体现出充分的自主创新。

二、不断提升企业整体的创新能力

当企业引入了外界的创新人才，这是打造创意型团队的第一步。此后想要继续保持这样的创意优势，应该从以下两方面加以考虑：一是推进人才循环，从而继续保持创意优势；二是通过培训，拉动原有的创意能力，通过培训进一步整合内外的创意资源，从而不断武装和提升企业本身。

三、建立起属于全体员工所拥有的创意机制

总裁应该认识到，创意机制不应该仅仅属于企业的某个部门或者某个层面，而是应该能充分体现企业的创新文化，并表现出相应的合力。总裁应该致力于打造属于全体员工的创意机制，这样，创意才能成为企业的文化，而并非只是属于个体或者部门所有的特殊贡献。总裁更应该将创新的高度推向新的巅峰，让创意成为企业内部自我整合的一个过程，由此而不断提升企业的竞争优势，从而赢取市场。

第十章　品牌战略：品牌运作不可有勇无谋

海尔，从中国到世界

什么是真正的品牌战略运营？在战略运营之前，总裁首先应当考虑的是整体的品牌策略，而并非简单的品牌创造过程。这是因为如果不对整体品牌的策略加以认真研究，那么，品牌就无从谈到充分树立和延伸。

在海尔品牌建立的过程中，总裁们可以看到中国企业品牌战略的运行典范。

海尔的品牌战略与兼并战略，两者是同时进行且难以分割的。对于这种兼并，海尔企业内部的一种形象比喻是“吃掉休克的鱼”。

什么是休克鱼？海尔的回答是：鱼本身并没有死亡也没有腐烂。也就是说，被兼并的企业品牌是没有问题的，硬件、产品、技术都还不错。同时，鱼是处于休克状态的，也就是说，企业的运作状态、运作理念都存在问题，这才会导致企业整体停滞不前甚至整体亏损。而这样的企业一旦获得了新的管理思想，有了新的管理办法后，不仅业绩能够被重新激活，同时，他们的品牌也能够获得新生，并被海尔所拥有。

实际上，国际上的兼并概念并不完全和海尔相同，在企业资本占主要地位时，大鱼注定吃小鱼，即大企业吞掉小企业的品牌；当技术含量占主要地位时，快鱼注定吃慢鱼，即新企业吃掉老企业的品牌。同时，还存在鲨鱼吃鲨鱼的情况，即大企业吃掉大企业。不过，海尔并没有盲目参考这些案例，从该企业开始腾飞的20世纪90年代初开始，海尔先后兼并了18家企业，全部成功扭亏为盈。在兼并之前，海尔对企业进行的评估并非看重他们有什么优质的资产，而是对兼并对象所拥有的潜在市场、活力和效益进行评价，换而言之，就是看重对方的品牌力。

在海尔18件兼并活动中，有14个兼并的企业其亏损总额达5.5亿元以上，此外，海尔将其资产达到14亿元以上，不仅实现了通过低成本投入获得扩张的目标，也成功实现了品牌内涵和能力的扩大。通过这样的兼并，海尔开始了其品牌从中国到世界的扩大之路。

吃掉休克鱼，并不是什么崭新的话题，但是，从品牌扩大的角度来看，吃休克的鱼又是企业所不可或缺的。尤其在中国，小鱼和大鱼、快鱼和慢鱼的区别并不那么大，因此，如果不从品牌生存状态的角度进行考虑，实际上企业缺乏兼并和重组的积极性与主动性，也缺乏品牌兼并重组的活力。

在这样的影响下，总裁应该从以下四个方面理解和执行品牌层面上的由吃“休克鱼”而建立品牌的活动：

一、收购“休克鱼”意味着企业应该做好接受不良资产的准备

当企业处于休克状态时，他们的品牌虽然有潜在的意义和价值，但很可能只是表现为零资产或者负资产的心态。因此，总裁在收购之后需要做的事情，应该是先将它们投资以转变成为积极资产和良性资产。尽管收购价格可能较低，但是总裁应该认识到，这样的收购很可能需要作出继续性的追加投入，并产生相应的风险。被并购的企业所带来的品牌负效应并非全部都是短期的，对其中问题的消除将是长期战争，而花费的时间将是总裁需要解决的最大成本。

二、总裁应该能够有信心和能力解决问题，清除负面影响

众所周知，“休克的鱼”的企业通常其内外都面临一定问题，在企业收购兼并之后，的确可以在短期内消除内部问题，但外部的品牌影响问题则较难控制。总裁应该学会抓住外部问题在企业内部的表现形式，例如，营销表现不力、资金流跟不上、企业无法实现良性循环等等，只有通过积极地矫正，才能消除收购带来的风险。一些看起来产业前景较好、市场潜力较大的企业，总裁也要看到其企业品牌的影响或存在的不同问题都是影响收购之后发展的潜在问题。加上企业的品牌文化和新的地域文化不一定产生融合效果，这都会导致后期麻烦。只有当总裁根据现实情况，抓住问题并准备好加以解决的手段和能力，才能说真正清楚了这些品牌的负面影响。

三、兼并行为应该来自对企业发展品牌能力的预测判断，而并非仅仅是企业提出的规划

兼并之前需要做好全面的、充分的市场调查。生产情况良好、发展前景远大的企业，一般都不会成为“休克鱼”。值得一提的是，一些兼并行为虽然是在企业经营良好时进行的，但其根本原因还在于其品牌能力表现出的前景不够乐观。因此，总裁在兼并企业时一定要组织人员和力量，对被兼并市场进行有效的调查和诊断，找到一旦被兼并之后的价值。当然，价值还需要通过企业在被兼并之前对现实发展做出合理规划，并保持和企业整体的发展接轨。

总裁对被兼并企业的诊断应该分为三部分：一是被兼并企业可以很快被原企业加以重组；二是被兼并企业拥有比较良好的品牌优势或实际优势，

因为后者体现出来的特点显然能够带来前者；三是被兼并的企业在长、中、短期总会存在不同的利益冲突。这种利益的控制和解决，应该同企业现状尤其是财务现状存在关系。因此，总裁不仅要为了快速实现盈余目标而进行兼并目标，同时，还也应该学会区分什么是战略兼并，什么是普通兼并，分别应该怎样加以应对，并从中获取品牌优势和资源。

打响品牌延伸第一战

海尔的发展历程显示，中国企业想要作出自己的品牌，必然要经历应有的上升历程。这种历程的部分阶段，还会充满了艰难曲折，而只有走过最初的困境，中国企业才能获得品牌战略带来的最终蜕变。海尔也经历过了这样的阶段。

在 2005 年 9 月，海尔电器集团有限公司发布了中期业绩报告。报告显示，尽管海尔洗衣机业务增长劲头明显，营业额上升了大约 19%，但是，由于受到了移动手机业务的大幅度下跌，海尔的经营额总体水平减少了 23%。尤其是在手机营运方面，海尔的亏损额度到达 6570 万港元，因为收购移动手机业务而带来的品牌损失，则可能高达 5.497 亿港元。可见，海尔的品牌发展，走到了其面临的第一个关口。

回顾海尔的品牌成长过程可以发现，其品牌延伸的战略虽然带来了充分的机会，但一定程度上也脱离了品牌原有的核心价值。

从 1984 年，海尔还是个亏损一百多万的小厂开始，在二十余年的奋斗过程中，由于总裁确立了品牌战略发展策略并加以迅速扩张和国际化。

海尔先后兼并了18家企业，并展开多元化经营，可以说，这是海尔品牌迅速发展的阶段。在1999年之后，海尔的国际化经营又让自己的产品走向了世界市场，形成了新的影响力和经营策略——三个三分之一，即国内生产、销售占三分之一，国内生产国外销售占三分之一、国外生产国外销售占三分之一，海尔由此逐渐成为了国际知名品牌。

在上述国际化品牌战略开始实施之后，海尔开始进一步在国际范围内设立工厂、生产基地，对国外公司加以收购。从1998年到2001年，海尔的全面国际化战略打造了相当有影响的国际化版图，其中包括贸易中心56个、设计中心15个、工业园9个、工厂46个、服务网点11976个、营销网点53000个，职工总数达到30000人以上。可以证明的是，海尔集团正在扩大他的品牌影响力。

与此同时，海尔也意识到，属于他们的品牌第一战正在逐渐走来。

2000年，海尔在卡姆登投资4000万美元，建立冰箱厂；2001年，这家企业在意大利买下一家设备老旧、生产成本高的工厂，价格700万美元；2002年，海尔在美国购买了格林威治银行大楼，并将之更名为“海尔大厦”，显示了该企业在美国扩大品牌的信心和能力，耗资在1450万美元之上。不过，据资料显示，海尔品牌在美国市场的前三年，利润只在5%以下。

海尔的品牌第一战，在某些领域并不乐观。

海尔总裁张瑞敏认为，在全球化的时代浪潮中，单一的产业和品牌内涵是无法存活的。为了迎接品牌成长之战，海尔进入了医药领域，随后，又进入保健品、餐饮、电器、软件、物流、金融、保险等十几个领域。但问题是，海尔药业面临长期亏损；海尔曾经投资的“海尔大嫂子面馆”连锁店也大多关门；海尔电脑一直持续亏损；海尔手机也几乎被消费者所忽视。

另外，值得注意的是，海尔在获得白色家电的成功之后，还将其品牌影响延伸到黑色家电上。当海尔不断进入这些和其主营产业有所区别的领域时，他们遇到的瓶颈是，海尔在其原有的白色家电领域的优势，并没有那么容易复制和延伸，也就是说，在品牌扩张的第一战中，海尔还会面临更大的考验和压力。

海尔品牌的成长和延伸，也需要遵守必要的游戏规则。品牌的成长正如战场，如果总裁不能确定好战场上属于自己的位置，而是坚持在战场上广为散布兵力，那么，很有可能给整个品牌带来一定的风险。因为，在品牌战略的制定中，品牌延伸必须要遵守品牌自身的核心价值和个性，将产品的属性加以延伸，从而合理延伸产品的市场前景、竞争领域、财力水平和品牌推广能力等。其中，决定品牌之战结果的是，整个品牌核心价值是否能与延伸产品互相兼容，其属性是否能够很好的融合。可以说，海尔在这方面遇到的压力，也足以引起其他总裁的重视。

总裁们应该对品牌之战所包含的意义、特性有着充分的认识，同时，也要看到品牌之战过程中所表现出来的特性：

1. 品牌定位的改变，很可能造成品牌形象的模糊化

当总裁带领企业创立了品牌之后，顾客产生了相应的感受，对品牌形成了习惯化的接受，更加趋向于将品牌和产品之间画上等号。这也意味着，消费者更多关注的是对品牌的消费代表着怎样的文化和品味。

2. 品牌的专属性和价格也有着紧密联系

在消费者印象中，许多品牌都有了固定的价格档次，例如，奥迪品牌永远不会有十几万的产品，大众品牌的轿车也不会有几百万的产品。这是因为开发这些品牌的企业明白，一定的品牌专属性，已经和品牌价格稳定联系了起来。

综上所述，可以总结出下面的这些内容，从而帮助总裁以正确的态度去应对品牌的初战：

一、为本企业的品牌作出正确定位

总裁应该为本企业的品牌提前做好正确定位。例如，将产品品牌的内涵和产品特点加以具体的结合，找到正确的表现方式，同时在媒体和宣传上加以凸显，以便于销售渠道的开拓，让品牌和产品的特点相互紧密联系，完成应对品牌延伸第一战的最初准备。

二、寻找能够延伸本企业品牌的领域

每个企业的产品品牌都有一定的延伸领域，但这样的领域并非是无限制的，总裁应该准确地寻找到能够延伸本企业产品品牌的领域。例如，和产品相关的配件产品、与消费者生活中相近的产品、价格接近用途相似的产品等。同时，总裁还应该尽量避免过于“跳跃”的领域，让产品远离那些可能导致企业品牌内涵冲淡、定位错误的领域。

三、制定正确的延伸方法和步骤

品牌延伸的方法对于品牌延伸的最终结果相当重要，总裁必须能根据延伸领域的特点，确定相应方法。例如，产品捆绑销售、广告营销、免费赠送等形式，可以适用于不同的延伸领域。在这样的方法指导下，可以进一步规划出具体的步骤，从而按正确步骤完成品牌的延伸战略。

做品牌如跑马拉松

不同的品牌，应该和不同的市场加以联系，而并非盲目地扩张和延伸，这其实才是总裁打造品牌战略的核心思想。对于任何打算从事多品牌战略的企业来说，都应该能够从宏观上来管理目前的品牌，而不是按照某一个品牌自行发展的轨迹来任由其自行成长。实际上，从战略层面到组织层面，从生产领域到营销领域，都应该进行不断地优化组合，从而打造出整体的品牌优化组合。

在对消费者进行充分了解的基础上，总裁应该根据品牌目前的认知价值、增长潜力和经营贡献，对目前品牌的组合表现进行充分的评估，并通过对不同品牌的创建、定位、购买、出售、组合、撤销、延伸，或者引入不同区域等手段，提升和丰富品牌战略的意义，从而做到对本企业的品牌进行战略性的管理。

应该了解的是，多品牌战略，并非是为了多品牌而多品牌的。对于企业来说，品牌的意义并不在于多，而在于其质量，应该寻找市场和客户的真实需要，而并非盲目打造品牌。

多品牌战略推进的重点，在于总裁能够引导企业对其所拥有的品牌进行边界上的严格控制。表面上看，产品似乎难以按照其表面特点进行品牌划分，但根据生产、原料、后勤、采购、销售渠道、技术研发、财务特点和人力资源等实际上有着明显的不同，企业可以形成充分的对比和共享，打造企业内部的规模效应，并产生相应的竞争优势。在面向消费者进行推广和宣传时，总裁就必须引导企业利用一切资源和手段，来体现品牌之间的有效区别。

这些区别主要体现在：价格范围、目标消费群、品牌的有效定位、产品的设计理念、产品品质的高低、产品特色的风格、销售的渠道和服务的体验。品牌的延伸也必须要注意以上这些特性。

因此，打造品牌之路应该是一条艰巨而漫长的道路，犹如马拉松。

例如，日本丰田公司紧紧依靠五个品牌：丰田、scion、大发、日野和雷克萨斯，在2004年，其汽车产品就卖出了747万辆，位居全球第二。

组织架构上，这些不同的品牌都隶属丰田公司的不同部门，他们并非通过丰田的渠道来销售产品或者提供服务。其4S店的服务目标主要是利用为客户提供相应的完美和独特服务体验，来体现出产品的不同。

又如，LVMH集团会按照统一方法和不同的商厦进行租赁方面的谈判，其下属的不同品牌如KENZO、LV和FENDI的店面之间，其装潢风格、店面风格都会有所不同。这样的差异已经形成了几十年，并将长期运作下去。

为什么对于一个企业来说，其品牌延伸注定是长期的？这是由品牌自身的特性决定的。

1. 品牌延伸时，不同品牌的定位必然会带来品牌形象在一定程度上的模糊

这应该是企业总裁所提前认识和准备的——当消费者因为对不同产品进行习惯性地消费、并拥有了重复购买行为之后，就会对产品的信息产生记忆层面的改变。当然，这样的记忆的确是因为其产品具有特色，体现出了产品品牌明细的定位。但另一方面，这也成为品牌延伸和拓展的一种“障碍”：擅自改变这样的定位，将会和顾客原本认知和记忆不相符合，从而产生疑问甚至是排斥。

2. 品牌具有相对的专属性

在商业领域，“品牌也是财产”这一概念已经相当明确，而消费者接受品牌，赋予了品牌应有的财产特征，这种特征不仅在消费者的内心层面，也体现在物质和精神层面。当企业品牌在延伸时，品牌财产内容必然会发生对应的改变，过快的改变，将会让品牌的物质和精神信息都不相符，这样，品牌专属性就会消失，从而导致品牌的财产也会被破坏乃至消失。

3. 品牌同人一样，都会具有相当的长期稳定性和间隔性

当品牌拥有了得以被树立的特征后，就能够长期地被销售或宣传行为而维持。这是因为所有企业都在打造属于他们自己的品牌，而品牌特征树立之后，企业就拥有了相当的资源能够加以利用。这样的资源注定不会轻易得到，只有当企业能够满足不同的客户消费需要时，才能建立起不同品牌带来的稳定性和间隔性。

根据品牌战略的这种长期特点，企业不能轻易地改变或者过快的推进品牌延伸，否则会给企业品牌带来损害。

一、不要轻易改变品牌定位

总裁应该清楚，轻易改变品牌定位，将是对客户记忆的挑战，这不亚于一种冒险。当企业内部产生改变品牌定位的声音时，如改变宣传策略、改变定位价格、改变品牌对应产品，总裁应该用较为冷静和理性的态度来对这些方案并加以评判，在看到其中提供的正面可行性的同时，也要看到其负面的风险，防止因为急躁冒进带来品牌的定位变化，导致企业利润损失。

二、着力打造品牌的专属性

让企业的品牌能够更加集中地和产品对应，一方面，要求总裁能够善于规划品牌和产品之间的互动关系，打造好这两端之间的有效连接；另一方面，也需要总裁能够积极将消费者同品牌之间的联系加以对应，并确定品牌专属区的具体范围，如消费者的年龄结构、收入阶层、居住地区、社会工作等，都是用来为品牌专属区加以界定的重要参考和标志。

三、对品牌历经磨炼的过程中，应当具备充分的耐心

正因为品牌的诸多特点决定了其成长、管理和打造专属性的周期都较长，因此，在品牌历经磨炼的过程中，总裁应当有充分的思想准备，而不要期待其一蹴而就。实际上，不少企业的高层管理者缺乏耐心，他们希望品牌的推进就像营销活动那样立竿见影、一次见效，当没有体现出他们所期待的那种成效时，这些管理者则会转移注意力去关注另一条品牌道路。

有鉴于此，企业总裁应该及时掌握品牌推进动态的同时，也应该给下属、市场乃至消费者以充分时间，从而保证企业能够顺利跑完“马拉松”。

避免走进品牌战略的误区

品牌战略的设计、建设、发布和推进，是总裁战略中最容易出现问题的领域之一。这与企业中品牌相关事务的复杂性有着千丝万缕的关系，也与品牌力的抽象性所带来的模糊感觉有关。不少企业都或多或少因为总裁在规划品牌战略时无意中走入误区，而总裁所处的特殊位置，又会让他很

难及时发现并加以改变。因此，对于总裁来说，在规划和制定品牌战略之前，先行了解可能出现的品牌战略误区，就显得尤为重要。

误区一：品牌创新意味着对属性进行根本性的颠覆

众所周知，品牌和产品有重要关联，但两者并不完全相同。比如，产品会因为自然原因而被淘汰，但品牌却并非如此，它们能够进入自行循环期间，同产品周期并非一致。例如，可口可乐公司有不少产品在市场中推陈出新，但其品牌却长期并没有改变，其品牌所保有的物质和精神财富都作为特殊属性而被保留。

但是，中国不少企业在对品牌进行创新时，同时也将原来品牌应有的属性改变了。

例如，红塔集团曾经是中国烟草行业的领军集团，但为了对品牌进行创新，急于建设去烟草化的品牌形象，导致品牌属性产生改变，从而失去了原有的优势。因此，品牌创新一定要更加慎重。

误区二：品牌必须要用资金砸出来

品牌的成功过程固然是犹如马拉松那样漫长的，但是，据此就让认定品牌的成长需要大量资金的投入也不准确。除了金钱因素以外，环境的不同、产品的不同、行业的不同、消费者的不同等，也会关系到品牌的建设成长速度。

例如，在2008年奥运会上，李宁运动品牌的投入在不及阿迪达斯多的情况下，却获得了比后者更好的品牌推广效果。当时，由于阿迪达斯财大气粗，直接击败李宁，成为了北京奥组委选择的合作伙伴。因此，李宁运动品牌似乎难以找到突破口。但在失利后的第三天，李宁和中央电视台签约，成为连续两年体育赛事栏目转播主持人和记者身着服饰的赞助商。这意味着，在北京奥运期间，李宁运动LOGO会进入千家万户的眼中。此后，通过类似的方法，李宁用有限的金钱，打造出了属于李宁的“奥运代表团”：中国射击队、跳水队、乒乓球队、体操队、阿根廷篮球队、西班牙篮球队、瑞典奥运代表团、苏丹田径队等等。

误区三：企业和产品品牌是一致的

从根本利益上来说，企业和产品的品牌当然一致，但是，两者之间的表现却并不一定必须相同。在当下的中国企业界，由于种种原因，许多企业总裁想要借助产品品牌推广企业品牌，因此更多强调两者的一致。这样的优点自不待言，但缺点也应该受到足够的重视，那就是企业的品牌和产品品牌过分捆绑，无法分开。一旦产品品牌出现某些问题或者开始衰退，将会导致企业品牌影响力的相应下降。不少企业因为一件产品出现问题，导致品牌都受到重大打击。

误区四：做品牌就是提高销售量

对于许多务实的总裁来说，他们对工作的月度、季度、年度的计划，常常将产品的销售数字作为整个企业看重和追求的目标。只是片面追求销量，对品牌的推广并不一定能够产生积极的推动作用。相反，由于过分追求销量的提高，企业从总裁到员工，都可能忽视品牌中除了价格和数量之外的其他因素：包括品牌知名度、品牌美誉度、品牌忠诚度、品牌带来的联想力等，最终，会导致品牌价值体系的消解。

实际上，经常进行以销售量为目的的促销，虽然能够带来销售量的上升，但是只是为了达到这样的目的，而不注意抑制经常性促销带来的“价格不真实”感觉，那么，就会令消费者对品牌的价值产生质疑，从而降低消费忠诚度。

误区五：品牌等于名牌

长期影响众多企业人的一种思想是——品牌就是名牌，甚至将获得名牌的评价，当做产品和企业发展的最高目标。实际上，名牌更多意味着拥有了高知名度的品牌名称，它更像一个名字。而品牌则包含了更多的内容，其名字的知名程度仅仅是品牌价值的一个方面。品牌是综合和复杂的，包括产品的名称、商标、价格、包装形象、产品历史、潜在声誉、符号表现和广告风格等各种无形内涵的综合。相对而言，名牌和品牌有着更加深层的区别。

举例来说，名牌通过大量的广告费投入，往往可以造就，这就是今天中国市场为何有如此之多名牌的原因。但是，想要建立一个品牌就没有这么简单了，这无疑是相对复杂和系统的工程，其中包括品牌的整体战略规划、核心理念的确定、视觉形象传递、品牌符号的设置、品牌场景的设计和广告偏向度等等一系列工作。这需要总裁能够付出艰辛的劳动，做好数十年如一日的产品推广，设计好每一次的广告运作等。这个过程需要数代管理人的付出。如可口可乐已经经历了上百年的市场营销运作，万宝路、雀巢、沃尔玛、通用电气这些品牌也都不仅仅是一个“名牌”的概念所能覆盖的。而中国曾经出现过不少名牌，尤其在保健品、服装等方面，由于其片面地追求其短期效益，对知名度过分看重，从而忽视了品牌的长期打造。

另外，从各自发挥的作用来看，名牌和品牌的力量也不同。名牌发挥的效果更多体现在短期到数年内的提高销售业绩上，并不一定能对产品的业绩就能产生多少长远的影响，而品牌则并非如此，企业从品牌那里获得的效益显然会更多、更广泛、更长远。

误区六：品牌的形象可以经常变换

品牌形象决定着消费者会怎样看待企业的品牌，它体现出来的是品牌给人带来的感觉。正因为这种感觉不容易建立，也就更不应该经常加以变换。认识到这一点后，对品牌形象加以坚持，是许多国际企业对品牌管理所坚持的重要原则。他们虽然会不断改变产品形象、商标形象，但从不会改变其品牌形象。

例如，万宝路香烟从 1954 年开始创立，当时，该企业以西部乡村牛仔形象出现，并始终保持到现在。万宝路香烟最早将目标定位在女性消费者群体中，却缺乏应有的品牌形象。于是，在品牌战略确定之后，该企业决定用这款香烟打造出适合男子气概的长期品牌形象。在广告中，主要采用了美国牛仔的形象：几个美国牛仔骑上了骏马，潇洒地在草原、河流和原野之间穿行。给人带来的感受是奔放、热情、男性的积极力量。通过这样的品牌战略规划和设置，该品牌形象一跃成为了全世界的香烟所保持的统一的长期形象，形成了具体的风格和文化，在消费者心中，产生了应有的品牌形象。

万宝路一开始将女性消费者确定为销售对象，但却没有树立起应有的品牌形象，因此，企业利润不佳。在调整了战略规划之后，品牌形象经过确立，才得到应有的肯定，并产生应有的效益。但是，不少失败的经验告诉我们，如果企业对品牌的形象经常进行改变，看起来创意很多，但却没有坚持品牌形象的统一。而对品牌的坚持，应该表现在长时间内，保证企业内所有部门、所有行动都朝向同一个品牌定位进行努力，从而保证品牌在传播行为中获得应有的价值。

第十一章　管理战略：梳理组织与系统、人与企业的问题

IBM是如何做管理的？

企业经营成功的要诀在于平衡、高效的管理，管理包括管理要素、管理效率、组织和系统等各种各样的问题，它体现在日常工作中的每件事里。可以认定的是，成功企业必然是有效管理得来的，而总裁怎样看待和定义管理，企业中的管理就往往能做到何种程度，并在管理方法和策略上有所超越，从而建立起属于自身的独特管理模式。依靠良好的管理，可以为整个企业创造出相当多的战略性价值，并成为企业发展的财富。而对于总裁来说，提升自身的管理能力，同打造整个企业的战略核心价值一样重要。

管理是一个相当复杂而系统的工程，在短时期内加以全面提高并不容易。只有抓住管理的核心，即对人的管理加以重视，才能做到战略性的管理程度。

在这方面，IBM的人才管理是相当值得参考的范例：

IBM公司对人事的管理首先体现在其对人才的教导方面。早期，IBM的销售团队由三角队形进行搭配，其中包括业务代表、系统工程师和维修工程师，这三方面进行配合，这样的搭配方式本身就是一种教导方式。另外，由于IBM内部的人才优势，他们可以只在市场上对不同行业的客户的整体需求加以了解，就可以提供系统的解决方案。

IBM的另一层管理在于人才的管理。对于有潜力的员工，IBM除了提

供和工作相关的教育培训之外，还提供个人职位的发展机会。员工们会经历不同的培训教育、不同阶段的相关训练，一些人还会被派到IBM总部去锻炼。除此之外，在亚太总部的会议、训练和课程，也能够让员工充分了解公司整体的战略方向和执行方式。

IBM公司的组织本身也利于该企业内部的管理在不同地区和国家，IBM都采取矩阵式的管理组织结构，其中，除了地区有主管人员负责产品的业务之外，国家以上的大型区域中，还设有针对不同行业、不同类别的产品提供解决方案的高级主管人员，从而提供支持给每个地区的团队以便更好地完成业绩。当然，行业和产品的相关主管，能够负责提高其行业和产品在市场的占有率、业绩和利润指标。为了便于矩阵式组织的运作，IBM采取一种三维动态方法对组织加以管理，其主要组成部分包括：第一维度，总公司人员参加，从而将业务提升到一个相应高度；第二维度，地方公司参加，从而实现本土化的运营管理策略，保证个性化方案的实施；第三维度，主管的部门参加，这样将能够保证在业务处理的过程中，可以做到对过程的紧密监控，实施有效地策略。

在对人员绩效的考核管理上，IBM也摒弃了原有的绩效四级考核方式，而是采取新的三等评价方式，通过橄榄形状的绩效分配原则进行绩效管理。在这样的原则中，除特别情况外，大部分的员工考核结果都会得到二等。除此之外，IBM的绩效管理制度强调以个人对业务作出的承诺来作为考核的评价标准，即除了由部门领导者对下属作出年终的绩效考核之外，员工同样可以自行寻找其他同事，通过匿名采取网络方式进行反馈。在这样的评价体制内，凡是获得3等评价的，代表员工个人没有达到自己对于个人业务的承诺，必须再今后进行更加努力的工作，从而得到良好成绩，同时，还有可能被处以留公司查看六个月的惩罚。而评价分数为 2 等，则说明员工工作合格。评价分数为 1 等，则意味着员工能够超越自己的业务目标，获得高成就。

管理的目的是为了推进企业的绩效，但仅仅依靠管理手段并不能完全做到这一点。因此，IBM 的管理还更加看重科研人员自身的创新意识，并通过绩效的管理及完善的激励制度，鼓励员工大胆创新。比如，对于有创新成功经历的员工，企业会授予 IBM 会员资格，凡是获得资格的员工，都会获得 5 年时间的机会以及必要的物资支持，从而帮助他们能够做到有足够时间、资金进行自身的工作创新活动。

IBM 并非没有经历过低潮期，但是，正是在杰出总裁的带领下，这家企业才能战胜市场中的竞争对手，获得越来越好的工作管理效益、建构全面的工作人才队伍，获得良好的企业运行状态。中国的总裁一方面既要进行战略筹划，另一方面由于种种原因，又很少能够有机会完全离开企业的实际管理，因此，更需要通过对 IBM 管理模式的解读和学习，应用到自己的企业中。

一、企业总裁应该将管理战略容纳进发展战略中

一些企业总裁容易表现出这样的错误认识，他们或者认为总裁应该是掌握战略全局的，结果在情况并不成熟时就远离实际管理，或者认为对企业的管理应该是企业总裁的日常工作，并不将之看做是战略计划的一部分。实际上，管理战略同样也是企业发展战略的重要组成部分，即使是平时细枝末节的制度运作或者看起来并非决定企业大方向的问题，但在充分积累酝酿之后，也将成为决定企业未来生死的重要方面。因此，企业总裁更应该将管理战略作为重要的战略组成部分来加以评测和看待。

二、企业总裁应该将管理意义具体化，同时长远化

对管理意义的不明确，导致总裁很可能忽视管理的价值。一些总裁由于自身工作经历或行业特点，可能接触过的管理更多地在于理顺企业内部矛盾、消除团队内部的问题，或者解决人员相互之间存在的问题等等。但他们应该意识到的是这显然并不是管理的全部。所谓管理，应该是能够做到将企业的效能提升到一个新的层次，销售出更多的产品，打造出更好的品牌，吸引更多的消费者。这些经由每天的积累，最终会形成长远化的战略。因此，总裁更应该将管理的意义和效果放在几年甚至十几年之后进行衡量，这样才能更加客观和全面地评价管理的意义。

三、管理是全局的事情，并非只有管理者参与

管理之所以应该是战略的一部分，原因在于管理对所有员工都有影响力。因此，总裁必须让员工感受到，管理是企业为他们个人职业成长所提供的一种服务、平台，能够帮助他们更好地相互利用资源、共享机会。在这样的努力之后，员工们将会更好地参与到管理中来，管理作为一种战略的意义和价值才会得到更加充分的体现并展示出其应有的价值。

员工与企业是什么关系？

有人说，企业与员工是雇佣与被雇佣的关系，按时领薪水，按点下班，机械而无奈。也有人说，企业与员工是共进共退的关系，公司做强做大，

员工自然有好的福利待遇，员工努力工作，公司自然会做强做大。这种简单的描述有一定的道理，但也不尽然。

从总裁的战略眼光来看，员工与企业到底是什么样的关系呢？很明确，员工是企业的生命之源。一个企业，有良好的企业文化，有长远的发展目标与方向，如果没有员工的共同参与和执行，再完美的计划也不过是纸上谈兵。

当企业有员工的参与执行时，也并不代表企业就可以高枕无忧，这是因为，总裁对员工的定位决定了员工发展的方向乃至企业发展的方向。那么，总裁对员工应该有什么样的定位呢？

微软总裁比尔·盖茨说过一句名言："把我们顶尖的20个人才挖走，那么我告诉你，微软会变成一家无足轻重的公司。"同样，日本著名跨国公司创始人松下幸之助也说过："企业的最大资产是人。"这两个世界著名的企业经营者都表达出人才对企业的重要性，也表现出他们睿智的全局观与策略观。

我们可以看到，比尔盖茨和松下幸之助对人才是十分重视的，他们对企业员工的定位是人才。而不是简单的出卖劳动领取廉价薪水的员工。

企业的价值观决定了员工的价值观。如果总裁在战略管理过程中对员工的行为斤斤计较，或者对付出的成本患得患失，员工自然也会对总裁和企业缺乏信任。所以员工与企业的关系，是由总裁决定的。任何一个企业的发展壮大，离不开总裁从选拔人才到激励人才到培训人才等系统的成熟的机制对员工的鼓励与培养。这个过程是企业成长的过程，也是员工变为人才的过程。

为此，总裁应该付出以下方面的努力：

一、在人才任用机制方面

企业在人才任用方面，需要打破常规，将学历的标签扯开，只关注人才的品质。企业在选拔人才的方面，一定要以“德”为先。有德有才的人，在企业里才能用心做事，同时，也会用自身的优良品质影响其他员工。无德有才的人，坚决不用。这带坏企业其他员工，形成不良风气。甚至会以不道德手段让企业遭受利润损失。

二、在利润分配机制方面

美国摩托罗拉公司创始人保罗・高尔文说过：“我不希望员工跟我一辈子只靠工资为生，我希望他们及他们的家庭在公司中也是股东，让他们一直到退休都有奔头。”合理的薪酬和分配机制是公司留住人才的重要法宝。企业可以让员工参与到公司的股权分配中，使员工不仅可以获得固定的薪酬，同时也随着企业的发展而拥有“成长”的股权，使员工从心理上更认同企业的事业是自己的事业。更重要的是，当集团发展“受阻”时，员工会自主创造条件和企业共同前进。企业一方面要留住人才，另一方面要在企业的长远利益与员工的利益发展上达到共赢。

三、在专业管理机制方面

企业的经营管理并不是一场短时间的百米冲刺，而更像是一场路途漫长的马拉松。奔跑过程中出现问题，则可能落在后面或完成不了赛跑。因此，企业在发展中，更需要在管理方面有自己高瞻远瞩的管理机制。为此，总裁更需要在人才的任用方面，坚持让专业人做专业事，让每位员工“在其位，谋其职，尽其责”。企业应对专业化的人才合理分享财富，让专业人才针对专业问题进行管理。

总裁应首先体现出“专”，即对项目有充分的认识和把握，然后才进行管理。专业化的管理团队和专业的人才，配合精细化的管理制度，才能使企业走上有效可持续的发展之路。

四、在培训机制方面

英国哲学家培根早在三百年前就为人们指出：知识就是力量。企业的经营和发展离不开知识的储备和积累，因此，企业需要建立合理规范的培训体系。这个培训体系包括集团总裁，也包括基层员工。企业通过培训可以提高人才的素养，积累人才，挖掘人才。员工也在培训中，不断学习和成长，积累更多的经验和精神财富。

五、在激励机制方面

企业的发展与壮大离不开每一位员工尽职尽责的工作，因此，企业要不断激励员工。一个优秀的公司总裁从不吝啬赞美员工。员工知道管理者欣赏他们的表现，他们会表现得更好。企业可以制定合理的奖励标准以最大限度的激发出员工的潜力。对于表现出色的员工和团队，回报丰厚的奖励。这样，员工的优秀和服务走在企业的前面，为企业树立了榜样。企业毫不吝啬的奖励也给其他员工带来向上的正能量，展现了积极的意义。管理者给员工不断激励，员工在心理上就会得到动力，更容易与管理者打成一片。整个团队的工作氛围将会更好，工作效率也会更高。

六、在合理惩罚机制方面

企业的发展离不开员工的进步，员工的成长也离不开企业的发展。但是，任何企业的发展难以避免会出来违反条例和制度的人和事情。对此，企业需要制定合理的惩罚机制。这个惩罚机制是面对所有的人员，包括总裁自己。当总裁出现违反的情况时，总裁更应该以身作则，展现企业的平等性，让员工感到总裁和自己是在同一起点，以理以制度服人。

在企业中，员工和企业的关系以企业总裁和决策者的态度占主导。当总裁以合理的制度，人性化的企业文化与员工共同进步时，企业就一定会健康发展，成为行业中的佼佼者。

如何让组织与系统并行发展？

无论从哪个角度来看，在战略层面，组织和系统都不应该是相同的概念，但是，这两个概念，又基本上涵盖了几乎整个运营管理的层面。因此，总裁们应该去研究这两个领域，从而实现有效地规避风险，并对企业的整体实力进行充分提升和保障。

Y 有限公司，在电讯行业经营数载，积累了一定的资本，不仅在国内风生水起，在国外也设立了分支机构，同时形成了系统的产品进出口渠道。但是，由于电讯行业的竞争加剧，企业利润率普遍下降，该企业的总裁带动整个管理层达成一致意见，希望能够开拓新的业务经营领域，从而谋求对经营风险的分散。

在对企业的自身情况、实际能力和市场需求的充分分析了解后，总裁和整个领导班子获得了以下的意见。

1. 注意“不是熟人不参与”，根据该企业的自身情况来看，企业长期在电讯领域经营，其关系基本上也都集中在该行业中，因此，虽然其他行业领域能够对企业的投资给出更高的回报率，但是由于该企业缺乏经营管理人员、缺少相应社会资源或者因为管理经验缺乏而决定不予投资。

2. 从市场需求来看，电讯行业本身依然有较强的发展潜力，属于整个公司的投资机会还是应该能够出现的。因此，根据企业的实际能力，可以通过发挥自身的特点，从这样的机会中寻求进一步发展的可能性。当然，公司还可以利用互联网来开发出新的增值业务等等，其中，新业务所需要的网络资源等等，正是 Y 企业所能够提供的特长——这项业务需要在国内外组建能够对应的节点，从而进行互联网传真业务，并将传真费用降低到原先的十分之一。

基于以上的规划，Y 企业总裁最终拍板，和其他高层共同确定了战略步骤：在北美和国内主要城市内建立其互联网站点，然后逐步扩展到各大城市，形成一定程度的市场范围覆盖面。接着，获取国家相关管理部门的支持，并通过电信主管部门的骨干网点实现互联，从而降低联网费用。另外，考虑到现实问题，Y 公司明确以自身现有业务条件，很难在同行业竞争中脱颖而出，于是决定通过提供其他新型网络增值业务，如为客户提供可以发布电子信息的网络空间，从而提升自己的竞争力。

根据既定的战略思路，Y 公司开始在国内不同城市招聘物色员工，对功罪开始展开，而总裁等高层则在国外进行节点建设实施。当时在各个分支部门之间，已经产生了高层和部门领导之间的认识差异。高层领导感到，部门负责人似乎并不愿意完全执行战略方案中的意见，而部门负责人则认为，这样的战略方案同国内市场的距离过大，过于片面武断。

问题很快产生了：首先，Y公司在国外的网络节点推进建设速度并没有战略方案预定那么快，但国内的客户需求与日俱增。遗憾的是，还没等打开国外网络节点的知名度，国内不同地区的相关业务就已展开了激烈的竞争——客户开始对不同的供应商进行充分比较，结果，Y企业的业务一直难以推进。

由此，Y企业总裁不得不进一步调整，加快不同地区节点的建设速度，并且突然提出应该参照国外经营情况，加强上网服务，从而带来更多现金流。显然，这种偏离了既有战略的做法，让各个分支机构缺乏足够准备而无从开始进行。

最终，Y企业在这次战略的实施上走向了自己的滑铁卢：一方面，各地区的分支机构负责人经过充分的市场了解发现，提供上网服务将会导致企业面临巨额的支出费用，而市场成熟程度又无法保证公司能够同有电信背景的公司进行竞争。由于他们缺乏足够的信心，也没有充分的准备，结果自然就相当不理想了。另一方面，Y企业的领导层并没有意识到这种情况的原因，而是不断进行更多指责压制，导致多名地区负责人宣布辞职，公司管理几乎陷入瘫痪。

实际上，Y企业遇到的问题，正在于总裁对组织、系统的看法模糊、难以区分而导致。

1. 在一个企业对战略确定的前期，应该对市场进行充分调研，强调对其业务的转型或者延伸，以便体现出战略的意图。在这样的调研过程中，企业将对即将进入市场的产品，进行初步的规划、调研和确定性规划、定位、营销和确定性的定位等等，通过这样一系列的过程，直到完成产品的上市，才能够做到系统推进战略，保证获得应有的利润，同时避免可能发生的风险。当企业围绕这样的战略进行共同行动时，作为组织的企业一定要能够系统化运作，围绕战略发挥作用。从另一个角度来看，企业的组织系统同样要讲究应有的秩序，无论是时间还是工作的先后顺序，都能影响到工作组织是否系统。但如果这些跟秩序有关的工作未能理顺，就很可能导致组织失去系统的控制，从而影响到应有的效果。

2. Y 公司面临的问题还在于系统不组织上。当战略推进到一定程度后，由于原先设计的战略运营系统中缺乏必要的组织方法，无论是决策还是管理或执行，都没有有效方法进行相互之间的交叉作用来构成企业应有的循环体系。结果，Y 公司的系统之间相互运作并不协调，导致系统缺乏组织，因此最终失败。

那么，应该通过怎样的努力，保证总裁在管理的过程中，能够既注重系统又注重组织，同时还能够保持两者之间的协调运作？

一、对企业内部系统进行排序

无论是怎样的组织方法，总裁都需要对企业内部的不同系统进行有效地排序。这样的排序并不一定具有规律，但是，只有总裁按照自己对企业战略的理解进行排序，才能体现出系统应该拥有的约束力。而总裁对其系统进行排序的过程，也体现出了总裁的运营和管理。因此，从某种程度上来说，总裁能够设计出良好的有效排序的办法，其对企业整体的把握能力也就会更为强大和出色。

二、多元化方法组织系统

系统缺乏组织，那么，企业内部不管怎样的运作都会发生连接不通的障碍。因此，总裁应该尽量找出全面的方法来对不同的系统加以有效组织。这些组织方法包括：“硬方法”，即奖惩制度的运用；“软方法”，即企业内部舆论、看法、环境和文化的打造。通过这两方面的方法加以综合运用，才能保证企业内部不同的系统可以围绕战略这一大系统加以运作。

三、对打乱组织系统的原因加以寻找归类

任何引起组织系统之间联系被打乱的原因，都应该被发现并解决。总裁应该能在内部和外部两方面积极寻找原因。既应该从外界模仿、学习或者竞争、合作等方面寻找，也应该从内部的管理、沟通、交流、资源分配等方面寻找。只有抓住最主要的问题集中点，才能保证企业组织系统能够相互之间正确促进，从而形成正确良好的途径，共同推进企业的战略实施。

第十二章　并购vs对抗战略：不回避战争，亦不怕失败

兼并来袭的应对法则

在目前的市场中，企业之间的并购行为已经成为相当普遍的竞争表现，同时大有越演越烈的趋势。作为竞争必然走向的并购趋势，的确能够让企业和经济发展更快，也可能让社会从中受益。但如果没有做好，无论是兼并方还是被兼并方，可能都会因此而走向失败。在这样的环境下，中国企业应该寻求如何去学会有效运用并购策略的方法，或者巧妙应对并购策略，从而获得新的生存发展模式。只有通过掌握和学会正确的并购战略策略，才能防止企业在这样的无硝烟战争中被对手吞噬。

企业兼并历史中，波音公司对麦道公司的兼并，是相当典型的案例。这个案例的本身和兼并之后体现出来的经营战略，都值得中国总裁们加以借鉴。

1996年12月15日，当时世界上最大的航空制造公司宣布，收购世界第三大航空制造公司，这就是波音对麦道的收购。收购完成后，每份麦道的股份，都按照市价转变成为0.65份的波音股份。另外，绝大多数民用客机将因此全部改为波音产品。这样，曾经拥有了大半个世纪飞机制造历史的麦道公司停止存在了。新的波音公司，成为了全世界最大的民用军用飞机制造企业，拥有将近20万的员工、500亿美元的资产。

波音公司从1993年开始谋划兼并麦道公司，但当时，麦道公司先后

两次拒绝了波音。随着时间发展，在和波音、欧洲空中客车的竞争中，麦道开始逐渐下滑，市场份额不断下降，逐渐无力竞争。而在政府的采购领域，麦道也遭到了竞争对手的打击。它曾经是世界最大军用飞机制造商，生产过著名的F14、FA18战斗机等等，拥有上百亿的资产。

麦道究竟是如何沦落到被竞争对方兼并的程度的呢？首先，麦道的技术落后，比如，在民用飞机方面，麦道技术比波音和空中客车远远落后；在军用飞机上，麦道被空中客车所赶超，市场份额不及对方一半；在政府方面，麦道也失去了其原本70%的市场份额，竞争“联合歼击机”项目时，麦道做了充分的准备工作，但结果出人意料，五角大楼将这个项目交给了波音和拉克西德公司合作，并支付了这两家公司各11亿美元预付金。而在兼并之后，波音的唯一对手是欧洲的空中客车，为了应对风险，空中客车也进入了公司的改制中。在1999年，该企业开始进行从四国政府联营到有限责任公司的内部体制改革。实际上，只有通过四个国家政府和企业的合力，才能帮助这个集团获得应有的竞争地位。

麦道被波音兼并的过程说明了这些问题：

1. 兼并法则的重要内容在于“以大取胜”

作为竞争趋势的体现，还会进一步加强其表现。在这种内容体现的过程中，世界航空业只剩下了三大巨头，而在这三巨头之间，悬殊的差距已经相当明显，波音公司获得64%的市场份额，麦道公司只有6%左右。因此，麦道被波音兼并实际上是必然的。不过，这样的模式并不一定代表了中国的兼并趋势，西方的兼并趋势大都是以大取胜，而中国的兼并趋势则更多表现在“二次创业”的过程，即对业务的扩大。因此，波音公司以规模取胜进入兼并，显然为今天的总裁提供了新的思维模式。

世界最大的500家企业，几乎都是利用资产联营、兼并收购或者参股控股的方法加以发展的。对于中国的民营企业来说，应该积极运用不同的资产运作手段，其关键在于民营企业总裁所采取的策略和方法。

2. 收购的策略有时候也需要通过外部的促进

从波音对麦道的兼并过程中可以看到，为了增加竞争力，波音引入了政府因素，这种兼并因素的引入，是为了有效地创造开发市场竞争力、提升自我拥有的市场份额。这也是加强联合对抗的重要策略。无论以怎样的形式借助政府力量，本质上都是在自我增加市场资源、创造利于兼并的机会。而对于中国企业总裁来说，兼并并购、联合合作，都应该是不同的手段，引入政府力量加以主导，在情况合适、条件成熟的情况下也是相当有效的。

总之，企业总裁在兼并时代到来的情况下，可以学习一些方法带领企业积极应对兼并行为：

一、积极进行民企之间的兼并和收购

由于产权等主客观因素的影响，民营企业很难对国有企业进行兼并收购，但是，在民营企业之间进行这样的操作却相当容易。同时，这样的资产重组方式，能够跳过让企业从零开始的艰难过程，值得在中国民营界内进行大力提倡。因此，公司总裁应该积极地考虑民营企业之间的兼并并购。

二、努力打造大型企业，从而主导兼并

世界上雄厚企业的成长历史，本身都是经过多次兼并并购活动才获得了良好的实力。同样，只有有了充分的实力，才能在并购机制运作过程中，取得相应的优势地位。因此，总裁必须要学会打造大型企业，在一个领域

上做大做强，发展出大型企业集团，从而推进企业的良性循环。

三、抓住外部良好机遇

一些兼并之所以取得良好的结果，对兼并企业来说如虎插翅，是因为兼并的时间点选择的正确性。当政府、市场、行业、消费者等因素共同起作用时，企业的兼并行为无疑就会成为众目关注的焦点，并得到良好对待和回应。因此，企业总裁必须要抓住机会，不仅时刻关注政策变化、市场动向，同时也要注意地域的区别和国际行情的变化，从而增加资源、创造和把握机会。

拿什么与国外企业对抗？

在兼并并购的大环境下，中国本土企业也面临着和国外企业对抗的重大压力。

以中国餐饮界排名，中国快餐联盟评选出的中国快餐前十强中，前五名分别为肯德基、麦当劳、德克士、北京吉野家和味千拉面，而此后的第六名到第十名，才是中式快餐。

这样的数据体现出，国内的餐饮界已经遭遇了外企的巨大冲击。其体现出来的具体状况，令人感到压力和希望并存。一方面，餐饮界有着强大的潜在市场；另一方面，中式快餐在本国土地上领先的时代还相当遥远。

具体来看，不少洋快餐本身就是上市企业，其经营范围相当广泛，无论是资本运营，还是品牌营销，都能通过其连锁推广的模式进行加强。因此，其营销不仅仅是一种产品营销，更多表现出的是品牌营销。而本土快餐更多还只是停留在产品营销的阶段，这样，中式快餐在竞争中也就相对落后于洋快餐。

当然，不少国内企业确实模仿过洋快餐，但最终的结果却并不理想。首先，中式快餐没有对洋快餐进行全面系统地学习，而只是简单的对门面、装潢等外表因素加以模仿；其次，缺乏深度的品牌资产，没有真正积累起品牌力度，品牌价值不同，影响力也会不同；再次，本土快餐的企业文化缺少必要的投入，甚至没有形成企业的文化，而洋快餐的企业文化则因为拥有了一定投入，所以带来了顾客的较好感受。

例如，麦当劳之所以大获成功，是因为该企业对清洁程度有着较高追求、对加盟者和员工都进行严格训练。因此，麦当劳不管在本国市场或海外市场，都能够迅速获得扩张和开拓市场。

具体来看，麦当劳还能够结合具体的中国环境来改变自我原本的特色。

从社会环境上看，麦当劳在美国体现的是快节奏竞争生活，但在中国体现出来的就并非如此强调速度。从饮食口味上来看，肯德基做得也相当出色，他们销售的产品中有不少产品是根据中国人的口味进行了改良，再结合了自身的特点，从而形成了新的特色。

实际上，西方快餐的内涵在于娱乐文化和快速节奏文化，因此形成了属于其自身独有的特殊经营方式。而中国的餐饮内涵在于社交化、休闲化，同样有着不可替代的方面。从这个角度来看，中西方餐饮业都有其自身不容易被模仿和超越的特点。

中国企业总裁更应该看到如何去建立购买环境的重要性。如果能够建立起一定的消费环境，从环境之中获得企业文化的应有氛围。那么，在产品输出上，就能获得良好的统一标准。而如果有充满本土化特色的产品，并将产品和企业文化相互结合，那么，这样的经营模式加上必要的资本运作，就能够充分吸引投资，从而做大做强。

实际上，除了餐饮企业之外，中国的其他企业产品也有着相似的情况。面对外国资本、企业对国内市场的进入，中国企业总裁一定要了解企业文化、地域特色和产品特点对市场竞争的影响，找到能够和外国企业相对抗和竞争的亮点。

从运营上来看，西方企业在中国的一些运营模式其实并非一开始就很成功。以餐饮为例，洋快餐的连锁门店运营并非无懈可击，他们对客户之间人际网络资源的利用不够，活动和公关营销的力度也并不到位，相当大程度上过于依赖现有的优势，而并没有从战略上长远推进对整个市场的吸引力。对此，中国的餐饮企业应该有的放矢，打造属于自己的市场吸引力。同理，其他企业的总裁也应该选择方法加以应对，从而保持同国外企业对抗的状态和能力，并不断提升企业对市场的占有率。

总裁可以用来和西方企业对抗的战略关注点有：

一、全力打造企业文化

和中式快餐文化相似，不少中国企业缺乏文化根源是最重要的软肋。由于西方企业在行业中浸润几十年甚至上百年，已经形成了通过产品、客户、市场三方面互动而打造的企业文化、灵魂和精神，因此，两相对比下，中国企业往往出现难以企及的情况。事实上，中国企业应该学会及时调整产品的特点风格，在寻求统一的标准之外，还应该找到自己的特色。这种特色可以来自于自身的严格管理标准和程序，也可以来自于企业对品牌形象系统的管理，或者是服务体系的管理，更可以是民族或者区域的特色。

二、利用服务机会，体现出承载社会责任的企业形象

对西方企业的过度迷信乃至推崇都是缺乏正确、客观态度的，无论这种理念是对经营者的影响，还是对消费者的影响，都不利于中国企业在已经到来的并购大潮中对西方资本的抵御。

1. 危机公关

以餐饮为例，中国的麦当劳、肯德基在产品质量、卫生状况和服务质量上，并非无懈可击，甚至经常会发生诸如苏丹红、垃圾油、激素鸡等关于添加剂和食品质量的问题。但是，由于中国的餐饮企业没有及时抓住机会，甚至自己也不能保证在这些方面"没有问题"，因此，他们很难走出战略性的一步，趁此机会，树立起对于消费者应该展现的社会责任感。结果，总是给洋快餐们抓住机会，通过危机公关安然度过，并没有太大的影响。

2. 社会责任感

总裁们应该意识到，社会责任感的打造并非一日之功。同时，虽然社会责任的形象短期内看起来无法提高企业的销售额和实际利润，但在消费者的心理感受上，一个除了赚钱之外还背负着社会公德的责任、体现对道德良知关注的企业形象，将能够迅速拉近与他们的距离。因此，总裁除了抓住机会宣传企业各种体现社会责任感的特点之外，还可以通过标准化超值的服务，让顾客从内心感觉到，企业是愿意为消费者承担责任的，也是更加能为他们考虑的。这样，本土企业才能抓住不同于西方企业的特点，进而寻找到自身在市场份额占有率上的提高点。

三、及时创新，全面学习

西方企业提供的产品和服务，之所以能吸引广大中国消费者，除了心理层面的需求之外，在产品质量、外形设计、客户需求、延伸价值上，都有及时更新的理念，能够第一时间反映出顾客的真正需求，甚至可以引导顾客需求的变化。

作为中国企业的总裁，虽然不可能在速度上超越对手，但是在强调自我创新的同时，还应该做到带领企业全面学习西方企业的特点。例如，将产品风格特点、功能内涵和服务体系加以学习之后，转化成为本企业所能提供的价值，同时在这样的过程中让这些因素变得更加适应中国消费者，这样才能获得对西方企业的优势。在这方面，总裁们应该关注淘宝、腾讯、小米这些民族企业，并从他们在对西方企业的对抗中，找到值得吸收的经验。

时刻看清行业发展方向

目前，经济发展层面已经进入了新的阶段，竞争形势也会越来越多、越来越激烈。因此，对于后起之秀的企业而言，对经营方式的调整，将会显得尤其重要。只有总裁能够做到总结那些行业领军企业的成长经验、成长趋势，同时又能够找到自己未来发展方向，才能确保自己在对抗中不至于落败。

作为企业的管理者，总裁尤其要掌握行业的整体信息，这样才能进行更加准确的企业管理或者投资，并认清未来的发展形势。找到这样的道路，企业在行业中积累的优势，才能够依托他们原有的业务，而通过转型方式加以体现，并成为未来企业业务扩充建设的主要推动力量。

总之，企业要想能在对抗中将蛋糕做大，不仅需要总裁拥有聪慧的头脑，对整个行业的发展方向进行深入分析，也同样是不可或缺的。曾经令人关注的“耐克VS阿迪”的经典案例，就体现了对行业发挥在那方向予以关注的重要意义。

众所周知，阿迪达斯的市场运作，是典型的高端品牌运作。一方面，它利用国际体育品牌成为专业品牌定位，另一方面，是利用企业自身的品牌进行宣传。再加上阿迪达斯曾经花费大量的广告费用推广市场，因此，在一段时间内，阿迪达斯的名字就是运动服饰的名字。在鼎盛时期，该公司拥有了上百种不同风格型号的运动鞋，并在全美运动服饰市场独占鳌头。

面对这样强大的对手，耐克公司并没有示弱，通过对市场未来发展方向的认识进入了市场，并开始对抗和竞争。

耐克的竞争是通过以下方面进行的：

首先是产品，该企业通过精心研究和慎重开发，逐渐在行业中居于领先地位。到了20世纪70年代末，耐克的研究和开发部门一共雇佣了上百名员工，公司拥有140多种产品。这些产品都是相同款式中新颖和先进的，根据消费者在体型、运动项目、跑步速度和训练计划、技术水平等方面的不同而加以设计的。到了80年代初，耐克鞋的需求量急剧增加，在全美8000多家门店中，大量耐克鞋被下单，公司经常要到半年之后才能发货，可谓供不应求。这样，耐克公司获得了介入对抗的最初机遇。

接着，耐克又通过以下方面的努力同阿迪达斯全面对抗。值得注意的是，这些对抗的基础，无一不表现了耐克对行业发展的了解和预测：

1. 通过收缩产品生产线，集中资源推出那些容易产生聚焦效应的产品，从而做到将能量充分集中在一个特点上。这显然是通过对市场进行研判而得出的结论性方法。

2. 通过市场直接进攻。耐克凭借对市场的了解，直接进入终端零售市场，建立专卖店，并形成市场基地的形式来提高企业在市场上的占有率和知名度。

3. 通过对市场的分析和预测，耐克发现，个性化的销售将在未来吸引更多客户。而所谓个性化销售，则必须要建立在对成本的降低上。为此，该企业迅速提高专业化程度，并将生产任务外包，集中全力做好营销工作。

4. 努力提高企业研发的技术含量，同时将研发放到社会化和市场化的程度加以运作。由于把握到消费领域对行业提出的新要求，耐克率先将技术研发的过程放到社会化角度加以审视，并着重提高企业文化内涵。

5. 耐克也非常重视行业发展的战略创新要求。通过对产品、概念、用途和组合的创新，开创了企业业绩增长的新局面。

通过耐克的发展我们看到，不了解行业的发展，对抗将无从谈起，甚至连正常运营生存都会变得困难。因此，总裁应该在以下方向来把握行业的发展方向：

一、注重跟随信息技术方向，改变企业的运作方式

当代社会是信息的时代，总裁想要带领企业更好地加入对抗，强调对信息技术的应用，应该是工作中必不可少的。

信息技术的发展和应用，将会使企业的业务活动和行业本身的业务信息得以分离，而原本看起来无法解决的关于集中与分散的矛盾，也可以得

到顺利解决。因此，在企业的发展过程中，总裁势必应该学会巧妙整合信息，并建设企业内部的信息网络，从而实现内部资源的有效集中、全面统一和全面配置。这样，借助有效的信息技术手段，企业才能有效跨越内部资源沟通存在的界限，进而实现对整个供应链资源的有效组织管理。

二、加快企业管理创新，把握行业发展主流趋势

总裁应该知道，创新是企业发展的灵魂所在，但是，创新并非是空中楼阁，必须要落在实处，应该有具体而实在的方法加以体现。

不少企业都忽略了对行业观察的效果，以及这种效果对创新的刺激作用，这在很大程度上造成了损失。竞争对抗固然是创新的全面促成因素，但是没有有效地行业观察，员工们就无法做到正确创新。

因此，总裁应该帮助研发团队引入内部的竞争对抗机制，同时更应该向他们指出，如何才能有效利用行业目前的信息，从而指导那些具有创新意识的管理者，让他们能够有更多机会组建起高效的创新团队。

三、超越“顾客导向”观念，超过行业平均重视程度

长期以来，以顾客为导向的理念，影响着许多企业总裁。实际上，帮助顾客获取更多有“竞争价值优势”的产品或服务，是对顾客价值进行充分管理的指导观念。正因为如此，对“顾客导向”的超越，并不是让总裁对传统的顾客导向观念加以否定，而是强调总裁要随着社会发展、技术进步、企业经营思想、行业变化风向，而对这样的观念进一步深化。

例如，原先总裁可能强调被动适应客户需求的理论，但当整个行业都开始重视这样的领域时，总裁就应该重视建立新型主动为企业和顾客建立

关系的理论，最后到强调以竞争目标为导向的理论。这样，原本的“顾客导向”观念被成功超越，形成了理论的螺旋式上升。

在近十几年来的发展方向中，不少高科技企业由于总是能够准确把握行业发展方向，因此他们已经放弃了“顾客导向”，而是采用“产品中心”的经营策略，同时取得了相应的巨大成功。这种超过竞争对手的竞争思维，既有着知识经济时代的影响，也有着企业对现有份额的不满动力，最关键的还是在于总裁及时把握到了未来市场，做好了迎接未来挑战的准备。

四、让企业管理的创新进入新阶段

在现阶段，企业管理的现代化革新，必然要进入到对管理创新的阶段中——这既是整个大环境所决定的，也是应该由总裁对行业变化发展的观察所决定的。

在这样的要求下，企业管理应该做到创新与制度并重，而管理创新和技术创新相互协调。总裁应该从更多细节来观察行业变化以便提出具体要求，从而保证企业管理能够进入适应未来的新阶段。

信誉成就未来

作为不少白手起家的总裁，对于企业的创立和管理，他们的一致认识是，诚信才是企业的命脉。

的确，只有拥有诚信，才能获得更大的价值。企业诚信，意味着整个企业应该在市场经济中通过遵纪守法的方法进行竞争，通过企业的信誉来说服和吸引他人。这是因为在越来越成熟的市场经济状态下，企业的诚信将会具有充分的经济学价值，从而保证企业能够在道德和法律等等方面获得充分的价值肯定，以使得企业从中获得无形的资产——这种资产更是用来同其他企业进行竞争对抗的有力工具。

总裁不仅要看到诚信经济的实际效益，还应该将诚信放在相当的战略高度，因为从很多角度来看，诚信比看见的物质资源和人力资源更加基础和重要。一个良好的诚信制度，会成为企业的“护身符”，能够让企业获得在未来的发展动力。

某食品企业在其竞争、对抗和转型时期，着力打造诚信形象，定义为构建“责任食品、诚信食品、和谐食品”企业文化的重要渠道，并努力体现出该企业在食品行业的自主管理、自我调节过程中的作为。同样，建造诚信平台，成了推动该食品企业进步的条件和动力。

这家企业的总裁认为，在当前全社会对食品安全的问题予以充分关注的情况下，企业能否及时对行业、消费者、媒体、政府、进行思想、情感和心灵上充分有效的沟通，不仅仅是短期的工作方法，具体的工作态度问题，也是企业是否能够通过广泛而充分的调动，唤起整个企业内部积极性的问题，并决定着企业将会以怎样的面貌，进入同竞争对手的对抗，并获得优势地位。

实际上，无论怎样的企业，之所以要通过广泛的方法来调动员工积极性，并推动他们建立诚信。是因为在企业的具体工作过程中，诚信是否能够得到体现直接关乎企业的信誉，而诚信的维护则反映在员工的具体活动作业中。因此，该食品企业经过内部的培训和协调，无论是营销还是销售工作，一旦承诺了商家，就一定会兑现。如果无法兑现，就不会作出承诺，因为企业绝对不能失信于对方。

事实的确如此，在竞争对抗如此激烈的市场中，仅仅依靠产品质量或技术理念，不足以击败对手，树立企业的战略优势，只有充分坚持诚信为主，做到“内诚外信”的企业，才有资格获得更多合作者和客户的充分承认，并最终和他们建立共赢的合作联盟。相反，对于一个失去诚信的企业来说，他们只会越来越失去市场信任，最终在未来的对抗和竞争中遭到淘汰。

1. 企业的生存与发展虽然有着各自不同的形态，但都是将获取经济利益的最大化作为目标，因此，其真正持久的经济效益，必然来自于企业的诚信经营。在目前这样日趋激烈的市场竞争和对抗中，总裁应该想方设法去提高消费者的忠诚度和满意度，从而保证本企业能够在竞争中获得充分而绝对的对抗优势。因此，总裁必须确定，企业所有的业务底线，都是建立在诚信的基础之上的。

2. 企业本身的管理，也必须要以从上对下的诚信服务为前提，这样才能切实地保证企业员工和客户之间进行深入交流，同时，增进企业内部和外部的全面了解和认知，构建双方都能够获得满意的诚信服务体系，保证客户能够对企业产生应有的全面认识，并进而有效拉近企业和客户之间的心理距离，获得充分忠诚的客户。只有当我们真正赢得客户的心时，才能提高客户对企业产品的满意度，企业才因此能在日趋激烈的竞争和对抗中，更加迅速地开拓市场，从而保证企业经济效益上升的充分平稳、全面健康，并带来良好的可持续增长，同时能够在更长远的时间过程中获得企业应有的最大利润。

3. 自古以来，诚信就是中华民族企业经营的基本道德。正如古人所说：民无信不立，商无信不财。一旦丧失了信誉，整个市场就会缺乏秩序，对任何竞争中的企业都不是好消息。从整体和长远上来看，诚信的态度，又是每个企业进行合法经营、提供优质服务、进行有序管理的基石。应该承认的是，诚信并不需要花费太多成本，但这样的战略态度，规范了不同的行业市场，同时满足了客户的权益。

因此，诚信不仅是企业用来获得良好经营发展的工具，也是企业对外部进行沟通和展示的纽带和形象。任何企业，只有诚信经营才能赢得员工的忠诚度、提高企业的知名度、提升市场的美誉度、获得社会的满意度，最终才会得到所有人的认可。而这样的企业，当然会在竞争和对抗中取得长期的优势。

总裁要如何通过建设企业的诚信文化，从整体上来打造属于企业应有的对抗战略呢？

一、提高企业员工队伍的综合素质

企业的诚信建设水平高低，应该被放进战略层面加以关注和重视。在操作上，决定于基层员工个体的诚信水平、受到员工基本素质的影响。正因为如此，是否能够建设起一流的员工队伍，才是有力推动企业诚信体系建设的保证。

1. 塑造企业诚信

总裁应该看到，积极塑造企业诚信，并将之作为企业的核心价值，对生产力中人的因素要高度重视。总裁应该通过人格层面的感召力，号召企业内部要真诚相待，并通过透明化、公开化的领导政策，充分调动企业从上到下所有员工的积极性和主动性，发挥他们的创造性，从而做到集体高度认同并支持企业的诚信经营政策，贯彻落实管理层提倡的方针，进而保证企业的生产力能够得到更多的释放和发展。

2. 推进诚信，打造体系

每个企业都有其固有的管理模式和制度特色，诚信推进也并不例外，这需要员工来加以执行和运作，而并非互相推脱责任。诚信建设，决定于员工个体的诚信，决定于员工的素质。建设一流的员工队伍，是企业诚信体系的有力保证。塑造企业的诚信来作为企业核心价值观，是总裁以真诚相待企业员工的方法，只有做到这点，才能真正充分调动广大员工的积极性和创造性，并使得企业能够得到进一步的提升。

二、做好对内对外的沟通工作

企业是市场经济的构成主体，也是诚信制度得以建立的主体。诚信制度要作为企业和企业、企业和客户之间经济行为的规则。

之所以诚信规则经常被违反，很多情况下都来自于沟通问题。总裁需要注意的是，无论哪个行业在转型和对抗集中的时期，都会面临多元化、多样化和多变化的集中矛盾，因此，只有强调广泛包容和深刻沟通，才能决定问题是否能够得到顺利的解决。

企业面临的对抗压力越大，总裁就越要对内外做好不同的沟通工作，以便加强疏导。沟通的目的就是让不同个体的思想观念能够得到不断地解放，从而确保人和人之间能够做到应有的诚信和友爱，在和睦相处的原则下，积极团结互助，获得共同发展。因此，只有总裁建立起了企业内部的诚信氛围，才有真正平等的沟通，而有了沟通，才有企业面对内外困难时的“活水”，进而产生企业的活力。这样的沟通不仅有利于克服企业内部各个部门之间的本位主义，还能够培养并激发员工作为企业一员的主人翁精神，从而带来企业凝聚力的有效增加和向心力的充分提高。

三、将诚信定位为整个企业生存和发展的基础

将诚信在企业内部充分制度化，是市场经济迅速发展的必然产物。诚信制度化能够得到真正完善，也是市场经济发展的客观要求，并因此而成为市场中企业对抗竞争的重要指导原则。

实际上，企业诚信是总裁努力增强企业凝聚力的源泉和基础。

1. 利用诚信原则

总裁应该利用诚信原则，将企业中不同部门、不同员工在长期奋斗工作过程中所形成的优良品质和顽强作风加以有效挖掘和提炼，并成为整个企业能够认同和遵从的价值规范。这有助于企业将各级员工对集体的朴素情感，进一步升华为强烈的职业责任心和企业自豪感，将他们敬业爱岗的潜在意识，转化为员工代表企业参与竞争的自觉行动。有效做到这点，将能够使得企业中每个人的内在积极性经过凝聚，进而转化为一个整体，从而增强企业在竞争过程中表现出的生命力和活力。

2. 赢取机遇

总裁要打造企业对外诚实守信的形象，塑造出巨大的吸引力，并不断赢得对外创业和谋求发展的机遇，这样，企业的对外信誉度就会不断提高。为此，总裁应该强调，对于坚守不同工作岗位的成员，不管是领导、还是员工，都必须在诚信的问题上，努力扮演好自己应该扮演的角色，同时，在具体履行工作职责的相关环节上、一言一行、具体工作举止以及工作细节上，都充分注重诚信原则，做到不妨碍企业整体诚信战略实施的最低标准。

第十三章　突破战略：夹缝中的生存智慧

总裁永远不要等死，而是要求生

当下，持续发展和成功转型，已经是许多企业热议的话题。一个企业发展到十年以上时，经常会受到国内外经济周期的影响。因此，在企业寻求持续发展过程中，总裁应该多去做各个方面的策略调整，而并非完全保持旧有的工作路线，甚至是那种坐以待毙的传统僵化思维。那总裁应该用怎样的态度和方法去完成自己的工作，从哪些方面去把握企业的走向呢？跨越专业领域发展这条“求生之路”，究竟是全部让专业人士来设计，还是总裁亲自主导参与？对于每个总裁来说，都应该围绕这些问题，形成正确决策。

美国一家互联网公司总裁尼尔·J.克罗斯内曾经说够这样一句话：“让我们坦诚以对。”

克罗斯内并不是什么大企业家，他的公司位于佛罗里达州，只有12名员工，是一家销售婴幼儿用品的网站。当克罗斯内谈到自己经营公司的时候，他用了这样的话加以描述：“所有在这个行业中的人，双眼都紧紧盯住出口，无非是两个出路：被收购或者上市。这就是游戏的法则。”

的确，对于这样的小企业总裁来说，在美国乃至全球有千万家。对于他们来说，上市遥不可及，即使自主提升企业档次和规模也并不容易，如果能够幸运地被成熟大企业看重而收购算是相当不错了——不少有收购想法的企业自身也有麻烦。

面对这样的现状，这些公司的总裁们应该保持如何的战略规划以便寻求突破？如何才能让这种企业获得长远发展，并在目前经济增长速度较慢的情况下，找到企业的生存道路，并提高企业的领先地位？

一个小故事可以帮助总裁们认识清楚现状：在某个冬天，两个人行走在森林中，这时候，他们看到一只饥饿的熊远远地向他们走来。于是，其中一个人开始蹲下来系紧鞋带，另一个人问：为什么要这样？就算你跑得再快也跑不过熊。但第一个人的回答是：我能跑过你就行了。

这个故事告诉总裁们，很多危机并非不是转机，而对于小企业来说，只要跑得够快，就能甩掉你后面的那些弱者，找准策略，穿好球鞋，你就能够走出目前的困境，并寻求解脱之道。

因此，作为总裁，找一双能够让你不再“等死”的球鞋就相当重要了。

1. 一是总裁率领下属积极创新，打造出新的自我；二是坐吃山空，看着市场和行业的发展，然后让那些强大企业将自己打到。显然，明智的总裁都会选择前者。这是因为目前的中国经济处于转型的关键时期，企业领导人应该注重培养员工的适应力、创造力和战斗力，他们应该从自身做起，努力创新和战胜自己，甚至要做到主动向自己进行挑战。只有一个能打败自己的人，才能将竞争者抛在身后。

2. 面对企业生存和突破的关键性问题，不少专家都提出了他们的对策。管理专家认为，企业的突破策略，应该侧重于企业整体素质的提高、经营管理的全面提升。经济专家认为，企业的突破应该从对宏观环境的适应、产业更新换代角度加以入手。政策研究专家则强调来自政策的支持和金融的运作。虽然从这些方面出发，都能够做到对企业能力的提升，但是，作为总裁本人，却应该有更加系统全面的方式，来实现企业突破战略的成功。

一、总裁应该立足本土突破，有效地控制成本

在不少企业中，总裁已经能够很好地控制成本了，似乎看起来无法再大规模压缩成本。但是，你应该相信，在这样的现状下，还是可以找到适度突破空间策略的可能。例如，总裁可以主导企业，向更多发展中国家进行出口或者拓展内地市场。我们可以看到，不少原先位于沿海地区的企业，在进行这方面工作时，由于总裁缺乏认知水平，并没有积极加以从事，导致企业固步自封，不愿朝向应有的内销模式加以转化。实际上，企业总裁必须认识到，在目前人民币汇率总体不断升值的情况下，想要将企业活力提高拉动，就必须要朝向更加广阔的国内市场，立足于本土的突破，只有这样，才能够站稳脚跟。

二、主导产业转型

总裁为企业选择怎样的产业转型，将会影响到企业总体发展突破的目标。以加工业为例，由发达国家向中国延伸的情况已经成为过去式，目前，低附加值产业由于劳动成本的变化、客观环境的发展，从中国向国外转移的情况已经并不奇怪，而国内加工企业从沿海转向内地的也并不在少数。由于外资企业将新技术引进了国内，整体产品结构获得提升，这样的情况必然会让国内那些缺乏技术含量的中小企业被进一步压缩生存空间。这些中小企业原本在资金方面就面临较为匮乏的局面，加上他们的技术并不占有太多优势，因此，就更需要向轻资产、低资本密集度的服务行业类型加以转变。总裁需要做的是，认清这样转变的必然性，并找到最合适的方法。

三、善用政策

总裁想要在宏观经济大环境下帮助企业找到最好的转型环境，必须要把握住政府的相关政策，这可能是最直接和现实的。总裁应该对政府陆续出台的政策进行认真研究，从而找到在税收、资金、市场准入和技术支持一系列方面的支持点，这对于总裁引领企业突破转型是相当有力的帮助。

家族式企业总裁如何突破自我？

家族企业，一般意味着由家族中的关系人员，对整个企业进行绝对控制。这种控制体系在没有较多利益分配情况下，能够促进企业的发展。而一旦牵涉到利益的分配，往往会产生难以化解的矛盾，成为企业发展的阻力。家族企业内部的矛盾还会迅速转化，因为个人之间的关系，而导致企业内部矛盾不同版本的升级和变化。

正因为如此，当市场开始拓展、企业开始升级时，家族企业对企业管理所造成的负面效应就需要被充分重视。家族管理的特点是：对外界的专业经营管理力量有着几乎天然性的排斥。因此，企业很难获得真正的经营管理体系和提升经营管理能力，除非整个家族企业能够得到充分改变。

通过下面的案例，希望大家可以为家族企业找到发展突破的应对之道。

贝卡特公司，是典型的欧洲老式企业。1880 年，由比利时弗莱芒地区的贝卡特家族建立，该公司是标准的家族企业。直到今天，虽然企业业务已经超过了欧洲边界，并通过不同形式将势力扩展到北美、远东，但依然还是坚守传统组训，不容许任何外姓人拥有企业股份。事实上，该公司现在的董事会由贝卡特家族五房的子孙分别加以控制掌握，各房推荐两人作为利益代表组成董事会经营管理企业。

贝卡特公司一直将北美看做传统的产品出口市场，因此，他们在美国芝加哥有一个大型进出口货栈，用以经营出口的产品。到了20世纪60年代中期，贝卡特公司开始在美国投资，他们建立了美国贝卡特钢丝公司，完全由家族企业控制。不久之后，又在佐治亚州建立钢铁厂，在阿肯色州建立筐具厂。这些分公司的领导都是比利时人担任，并将生产出来的产品当做本国出口产品的有益补充。

1970年，公司预计美国的农用建材尤其是带刺钢丝的需求会相当程度地扩大，因此，企业不惜重金，购买设备，并希望以范布伦地区的工厂作为基地进行大量扩张生产。但问题是，该厂建成后，市场情况并不乐观，销售量直线下降。

为了挽回败局，公司只好请美国职业经理人史密斯来激活这家子公司。史密斯提出的条件是必须要授予充分权限。最终，董事会决定执行不干涉政策，让史密斯放手去做。

得到这一条件的史密斯很快加以行动，他首先物色自己熟悉的市场专家作为公司副总裁，并分管产品的生产经营；接着利用电脑中的分析模型对不同产品组合进行预测。同时还召开了相当多的战略研讨会，同企业骨干和专家们分析研究，寻找市场中那些适合本企业发展的区域。当条件成熟之后，史密斯开始进行实际操作。他首先用本企业最具有特色的刺线产品作为市场突破口，对美国中部地区具有较大购买力的市场发动攻击，迅速利用价格和质量特点，战胜了不同竞争对手，占领了尽可能多的市场份额。例如，采取推销员直接下乡的方法实际推出产品；邮寄书面的宣传单页；在不同媒体尤其是广播上做广告等等。

通过这些方法，史密斯获得了一举成功，他改变了贝卡特公司长期以来的家族式经营模式，也实现了对企业业绩和类型的突破。

当然，贝卡特公司的突破有着其偶然性，由于社会情况和企业具体特点的不同，这些方式在中国并不一定就能很好地实现。那么，中国式家族企业在目前环境下应该如何寻求发展和突破呢？

应该认识到，中国家族企业本身是在经济体制剧烈变革、游戏规则不断变化的情况下产生的。家族式企业因为具备独特优势，而在市场竞争中逐步获得了发展壮大，因此，也常常被认为是一种成功的企业类型。但是，家族企业也存在着一些问题，主要集中于家族企业是不可能完全像家族那样运行的，同时也无法实现像现代企业那样的运作。

例如，家族企业规模扩张较小，相当程度上影响到企业本身的成长；企业资本来源通常都是家族内部自给自足，不论是创业资金还是发展资金，都是靠企业自我积累完成的，即使存在借贷，也是向亲友借贷较多。从企业产权上来说，由于大多是家族成员持有股份，因此控股来源较为单一；在管理方式上，家族成员在企业中明显居于主要位置；在组织结构上，虽然大多采用有限责任公司形式，但实际上，这更多是一种企业营造自我形象的需要，并没有真正在内部形成应有的管理和监督机制。

由于存在这些问题，家族企业在成长过程中有着不同的制度缺失，例如，资金的筹集机制较为封闭，渠道较为狭窄；企业的产权封闭，企业难以走向社会化；管理方式过分排外，面临能力、知识、专业素养等多方面瓶颈的制约；组织结构难以成熟，不利于企业的规范化运行；以血缘代际进行传承，接班机制并不稳定等等。这些缺陷都不利于企业的迅速扩大，很可能导致企业在市场竞争中居于劣势地位。

如何带领家族企业走出缺陷的怪圈，这需要家族企业的总裁们将眼光放远，找到自己能够迅速改变的领域，并继续进行有效突破。

一、对外聘管理人员给予充分支持和引导

目前家族式企业中也会聘请不少家族以外的管理人员。他们通常具有相当的管理能力和从业素质，但是其适应能力却要因人而异，对这些管理人员而言，他们首先需要的是处理好与家族内部人员之间的关系，包括目前的管理者、创业元老等等。因此，总裁可以通过举办一些交流活动、休闲活动，经常邀请这些外聘人员和家族人员进行情感交流，形成情感支持。还可以邀请外聘经理签署必要的协议，明确他们在企业内权力、责任和利益之间的关系，这样，对外聘人员的制度支持就充分建立起来了。总裁还应该考虑，对企业市场管理部门的人员全部实行外聘，从而保证市场工作能够更加独立的开展，并通过这样的机制保证企业应有的正常发展。

二、建立内部正常人才竞争机制

1. 外部影响

外部人员的到来，往往会影响企业内部原有家族管理梯队中一些人的晋升空间，从而使得他们产生不满，并可能影响到应有的工作状态。在此之前，总裁就应该设立岗位说明书，对每一个岗位的权力、职责和利益加以明确规定，并将岗位薪资和外聘人员的工作业绩进行紧密挂钩，同时实行试用制度、降级制度等等。这样，既能够让家族内部员工的不满得以转

化和消除，也能够用来激励外聘员工，让他们将压力转化为动力。

2. 内部激励

家族企业内部对于人才的激励，还应该具备更多思路。例如，总裁不一定必须要通过职务晋升的方式来奖励员工，可以通过提供学习或者深造的机会，也可以采用奖励期权等方式。在家族企业中，由于建立真正相同的竞争机制并不容易，因此，总裁必须要强调，无论家族内外的关系人员，参与企业经营管理就必须要按照已有的竞争机制公平执行，否则就不能参与管理。总裁还应该让家族企业员工能够在实际的竞争环境中，不断体验和学习，树立和保持竞争机制，最终融入竞争环境中。

三、妥善对待家族成员

家族式企业的突破并不容易迅速进行，作为企业的总裁，必须看到在东方文化传统下的这种现状。因此，总裁首先应该考虑的并非制度的建设，而是如何将家族成员包括元老、目前的中层和未来的接班人等加以妥善安顿的问题。

首先，总裁应该避免那些能力平庸态度懒惰的家族成员进入企业；其次，对于一些知识能力暂时跟不上企业的家族成员，应该提供新的发展方向。比如，让创业的元老们担任督导工作，并提供较高的待遇和虚职；对于年轻的家族后继者，应该鼓励他们继续学习深造，或者另外拿出一笔资金，让他们自行发展等等。在这些事情的处理上，总裁应该利用好机制和感情两种手法，既能够从机制上进行有效控制，同时又要懂得从情感上加以笼络和淡化，最终消除家族对企业的影响。

求变是超越自我击溃对手的法则

当前的经济环境下，市场日趋饱和、行业不断洗牌、产品的附加值降低、品牌的力度匮乏等等，不同层次的问题已经浮出水面。加上经济疲软、自然灾害以及通货膨胀、国际形势等更多不可控因素的影响，使得不少原本抗风险能力比较弱的企业，在市场表现上进一步脆弱化。在这种情况下，总裁如果不具备长远眼光，无法运用市场的前瞻性，依然在用传统的观念去经营和管理企业，很容易导致企业各方面的进一步萎缩。

因此，在急剧变化的市场环境下，中国企业总裁必须能够树立长远的战略意识，对市场深入了解，并运用战略眼光分析整个市场，寻找其中的机会，同时有效调整经营管理的方向，不断加以变革，这样才能做到在市场中长期屹立。

具体来说，总裁们应该在以下几方面作出求新求变的突破。

一、将产品、管理和营销模式细致化

企业除了在产品上应该追求变化，在管理模式上也应该有所变化。企业应该不断利用本身经营制度的管理创新，发现问题，并作出及时的调整。在这样的论证和实践中，总裁才能引导企业最终做大、做好、做强。

例如，总裁应该要求销售终端即门店也能作出好品牌，发挥出产品效果，同时创造和引导客户的需求。而体现在市场营销上，应该让产品质量做好后才能去招商，如果质量不行，即使先停下来，也应该将细节做好。

二、利用开源节流来度过变化难关

随着不同行业原材料价格上涨，加上“地荒”、“电荒”、“民工荒”等资源短缺情况的出现，以及出口退税率调整等环境的变化，不少企业都感受到巨大的压力和危机。因此，企业总裁应该及早做好谋划，既要将眼光放长远，也要准备长远过冬。

例如，在不少企业中都存在缺乏稳定销量的情况，这些企业经常采取不同的优惠政策来鼓励对外营销，采取赊账、月结等手段获得客户，这很可能让企业的现金流出现周转上的困难而难以维持其生存。

也有一些企业为了降低经营成本，采取“瘦身”的方法，对部分员工进行辞退。看起来在一定程度上减轻了企业的经营压力。但事实上，对员工的辞退只是治标而没有治本，原因在于，企业的管理者在企业的规划、市场的风险管理和企业内部矛盾管理上并不擅长，造成了人浮于事的现象。

针对上述现象，总裁一方面要对财务方式进行积极的变革，及时调整货款的结算方式，即使牺牲一些业务，也应该实行现货现款的方式，直接尽快地回笼资金。另外，还可以根据市场的实际情况，对成本增加预算，对预期收益进行降低，从而确保企业的运转平衡。另一方面，总裁还应该改变原有的管理方式，摒弃其中简单、粗放的管理，让员工能够充分拥有责任意识，并通过有效的奖惩制度，激发员工的工作热情和效率，从而保证他们能够和企业共同渡过难关。

三、加强渠道的沟通和人才的储备

一个企业具有多大的抗风险能力，能够具有多大的变化能力，从相当程度上体现了这个企业的整体实力，也是对企业核心管理者风险意识、前瞻意识和管理能力的综合考量，同时，也是对企业团队凝聚力的集中体现。

1. 生存危机

目前，不少企业面临这样的窘境：虽然企业已经有了十几年的快速发展，但是，他们风光赚钱的日子已经在2009年甚至更早之前就结束了。近几年，因为市场竞争的激烈程度加剧，企业获得的利润开始下降，无法形成真正能够推动企业超越的资本积累。再加上目前不同行业中都出现了企业的生产和销售规模下降、品牌和渠道的建设时间短等现象。这导致市场上一旦出现任何情况，企业都会面临的生存危机。

2. 合作伙伴

总裁应该积极为企业寻求配套型的合作伙伴，对部分利润予以放弃，联合这些配套厂家，推行渠道、产品和宣传、市场开拓等多方面的立体合作，“抱团”形成规模优势，从而共同寻求变化。当然，想要持续经营，不仅应该在行业内寻找合作伙伴，还应该同具体的客户继续进行诚信合作，将企业和市场的实际情况有效反馈给对方，并积极进行沟通互动，从而让双方能够彼此充分信任，获取对方的最大支持。只有这样，才能将市场的中坚客户予以充分稳定，从而确保企业自身在变化中稳定利润，在稳定基础上寻求变化突破。

把握未来10—20年

1997年，世界银行发布报告，在这个名为《2020年的中国》报告中提到，此后的20年，将会是中国产生剧烈变化的成长时期。在将近四分之一世纪的时间内，中国将可能完成拉丁美洲用了65年、经济合作发展组织用了80年才走完的转型之路。近年来，中国的情况不断证明这个报告的正确性，从GDP的增加到钢产量的上升，从发电设备装机容量的增加到百姓存款余额的上升，都反映了中国未来长期的走向性。同时，一批优秀的中国本土企业，例如华为、联想、中国平安、蒙牛等，也参与到国际竞争中，体现出了中国企业能力水平的有效提高。

曾经的10年，中国总体经济发展良好，市场欣欣向荣，企业整体实力上升。而在下一个十年、下一个二十年中，企业将会迎来什么？应该如何对这样的未来加以把握？作为企业的核心管理者——总裁，必须要作出属于自己的回答。

一、积极把握好社会未来发展的大方向

2012年，党的十八大报告中提出，要充分重视实体经济，支持小企业的发展。这说明，新一届政府为未来的民营企业发展定下了良好的规划，而总裁则应该加强对这些规划的解读，抓住政策的有力变化，加强管理上的创新。

例如，在大方向上，党的十八大报告多次提出“民”的重要性，体现在总裁管理上，应该看到，员工就是企业的基石，他们拥有充分的价值，是宝贵的资源。企业应该用未来长远发展的眼光来看待员工，给予其中优秀者和有相当服务年限的员工以一定的期权股份，从而降低他们的流动性。

实际上，同上述内容相似的变化方向还有很多，但如果缺乏对大事政策的关心和敏感度，就无法解读出从政府层面透露出来的关于社会变化趋

势的态度，就无法用领先其他竞争对手的态度来解读未来。因此，企业总裁不仅应该懂得商业，还应该懂得社会的未来方向。

二、利用战略管理好企业的纲领和谋划

在制定和管理企业战略时，总裁应该注意保持下面的特点：

1. 全局性

总裁应该让战略始终关注企业的全局发展规律，将企业整体作为研究对象，并用以指导企业一切活动。

2. 长远性

一定要让企业能够从战略的实施上获得更好的未来。

3. 系统性

对未来的考量应该是系统的全面的，而并非亦步亦趋，更不是单位性质的局部战略。从整体上来看，战略应该被分为公司总体战略、事业部级别的战略和部门级别的战略，这些战略都应该能够以一定时间为单位予以规划和操作。

4. 竞争性

总裁应该有效预料到企业面临的战略竞争压力，并评估出未来十年、二十年的战略压力程度，从而准确预测市场变化将会带来怎样的冲击力、压力、威胁度、具体困难和实际挑战，从而保证企业的生存和发展。

三、为企业在未来提前定位

无疑，战略是一种变化之后的定位。虽然企业应该需要不断寻求突破，但企业的总裁应该在现有条件下，能够为企业在未来长远时间内加以定位。

包括：确定企业未来在同行业或本地域中应处的位置、企业未来规模的大小、企业未来的优势和特色，以及走专业化还是走多元化路线，什么才是企业的核心产业、支柱产业和支持产业。当然，对于企业所要面对的市场，也应该加以精准仔细地定位，包括参与什么地域的竞争，或者是采取何种态势的策略。

总之，应对未来，是总裁战略的设计意图和推行目标，也是提高企业竞争实力的主要手段。当企业总裁站在一定高度并建立起长远战略之后，企业的未来无疑也就获得了令员工信赖、令投资人信赖的定位。